Wiki Brigades

# ÁREA 51

## La verdad

I0162406

la casa books

ÁREA 51
La verdad
Wiki Brigades

ISBN 978-1-953546-24-1
2022 - 1a edición
Copyright © 2022 LA CASE
Tutti i diritti riservati

LA CASE Books
PO BOX 931416, Los Angeles, CA, 90093
info@lacasebooks.com || www.lacasebooks.com

# ÍNDICE

# PRIMERA PARTE

# "UNO DE LOS LUGARES MÁS DESOLADO DEL PLANETA"

Nevada es una de las zonas más inhóspitas de los Estados Unidos. Ya en 1869, el teniente del ejército George Montague Wheeler, comisionado en nombre del gobierno federal para explorar uno de los últimos territorios fronterizos aún no trazados con precisión, anotó en su diario:

*"Es uno de los lugares más desolados en todo el planeta".*

Durante el día las temperaturas pueden superar los 40° centígrados, mientras que en invierno la columna de mercurio alcanza picos de -30°. Son zonas inhóspitas y completamente desprovistas de atractivos. Si sobrevuelas estos territorios con un vuelo de costa a costa, te darás cuenta de que por millas y millas no hay absolutamente nada. Sólo una extensión estéril sin fin. En este escenario, a cientos de kilómetros de las primeras grandes ciudades de la costa oeste, se alza una de las instalaciones militares más misteriosas y mejor protegidas de Estados Unidos. Hablamos de lo que algunos llaman "Dreamland", otros "The Box", y que todo el mundo conoce como Área 51.

En la década de 1950, el área alrededor del lago Groom, a unos 150 kilómetros al noroeste de Las Vegas, se utilizó como área de prueba para que el gobierno de los Estados Unidos probara bombas atómicas.

En estas tierras dispersas y desoladas se levantaron verdaderos pueblos con casas y carros. Maniquíes con rasgos humanos se alojaron dentro de estos pueblos fantasmas. Todo tenía que reproducir aparentemente la vida de una familia estadounidense normal.

Cuando comenzaba la cuenta regresiva, el tiempo se congelaba: a kilómetros de distancia, grupos seleccionados de soldados, ingenieros y médicos miraban explotar la bomba. La bomba flotaba en el aire durante unos interminables segundos, luego explotaba el infierno. Los pueblos, con su conjunto de maniquíes y perros de peluche, venían aniquilados en segundos.

La imaginación popular americana pronto aprendió a convivir con estas situaciones al borde de la realidad. Precisamente en un escenario de este tipo

Stan Lee y Jack Kirby dieron a luz a uno de los personajes más famosos de los cómics de Marvel, a saber, el Increíble Hulk.

El gigante verde que durante más de sesenta años ha sido un gran éxito en cómics, series de televisión y películas, es en realidad hijo de un experimento nuclear que tuvo lugar en el desierto de Nevada en la misteriosa "Base Gamma", que no es más que el equivalente al Área 51.

Estamos hablando de un cómic que se estrenó en los quioscos de Estados Unidos en mayo de 1962, demostrando cómo las pruebas nucleares realizadas por el gobierno estadounidense en Nevada eran bien conocidas por el público desde principios de los años sesenta.

El cine hizo entonces lo demas, multiplicando esas imágenes a la enésima potencia, mostrando escenas de experimentos nucleares ambientadas en el desierto de Nevada en infinidad de películas. Uno de los ejemplos más recientes lo tuvimos en 2008 en "Indiana Jones y el reino de la Calavera de Cristal": las primeras escenas de la película de Steven Spielberg interpretado por Harrison Ford están ambientadas durante una de las muchas pruebas nucleares que acaban con un pueblo falso en el medio del desierto.

739 de las 928 pruebas nucleares realizadas oficialmente en Estados Unidos se realizaron precisamente en este territorio. El nombre "Área 51" se deriva del nombre dado a un sector de prueba en particular, no lejos del lago Groom.

No muy lejos de estas áreas se encuentra la Base de la Fuerza Aérea Nellis, que ya en 1959 se extendía por varios kilómetros a través de lo que fueron las minas de oro y otros metales preciosos que habían impulsado a muchos colonos a trasladarse al oeste en busca del sueño americano.

A principios de la década de 1960, gracias a varias expropiaciones de terrenos en los alrededores, la base Nellis y la "Comisión de Energía Atómica" ampliaron cada vez más sus áreas de influencia, expandiéndose por kilómetros y kilómetros en un desierto completamente deshabitado o casi.

En 1962, a petición de la Fuerza Aérea Americana, se prohibió definitivamente el espacio aéreo sobre estas instalaciones militares a cualquier vuelo no autorizado, ya fuera civil o militar. ¿La razón?

En los documentos oficiales de la época podemos leer:

*"Una necesidad inmediata y urgente derivada de un proyecto secreto".*

A fines de la década de 1970, el área se volvió cada vez más impenetrable y los sistemas de vigilancia y seguridad comenzaron a ser mucho más numerosos y sofisticados.

La zona donde se encuentra la instalación, aunque inhóspita y muy alejada de cualquier forma de civilización, ya no se consideraba un elemento disuasorio suficiente para proteger sus secretos. Así que en 1978 se cercó permanentemente toda la zona.

En 1985, la Ley 98-485 condujo a la anexión de Bald Mountain, un volcán inactivo cercano. A partir de ese día, a los únicos terneros de criadores locales que aún pastan en libertad se les ha permitido pasar por la zona militar en las laderas de Bald Mountain.

En octubre de 1993, la última expropiación permitió a la aviación militar encerrar y cerrar al público dos pequeñas colinas, Freedom Ridge y Whiteside Mountain, que gracias a su ubicación permitían a quienes las habían escalado tener una buena vista del valle circundante, incluida Area 51. Desde ese día no ha sido posible tener ningún tipo de imágenes de esa zona.

Prácticamente no hay altura en el espacio de kilómetros que permita robar una foto detallada de la base, incluso con los medios fotográficos más sofisticados disponibles en el mercado. Incluso los satélites civiles no pueden enmarcar esa área.

El llamado Área 51 es efectivamente invisible.

No existe.

Lo que sucede más allá de la valla es absolutamente "top secret". Solo un puñado de personas en todo el planeta conocen los secretos que se encuentran dentro de la base.

# UNA BASE QUE NO EXISTE

C uando hablamos del Área 51 es muy difícil separar la verdad del mito. El gobierno de los Estados Unidos insiste en negar incluso su existencia y la poca información directa que tenemos proviene de ex empleados que han decidido exponerse contando su experiencia, como John Lear, un ex piloto militar, uno de los principales expertos en este asunto.

Lear cuenta con más de 16.000 horas de vuelo en más de 160 tipos de aeronaves en más de 50 países, además de contar con todos los títulos emitidos por el organismo aeronáutico federal. En el pasado ha llevado a cabo numerosas misiones secretas para la CIA.

El nombre de Lear circuló mucho en los círculos de ufología de la década de 1980, ya que este personaje inusual tenía todas las credenciales para ser creído. Pronto se convirtió en un importante punto de referencia para todos los expertos del sector. Su nombre se hizo muy conocido incluso entre simples entusiastas y curiosos ya que hasta ese momento nadie había revelado información precisa sobre el Área 51.

De hecho, Lear demostró de inmediato que conocía muy bien la base militar ultrasecreta ubicada en medio de Nevada:

"Hasta 1951, el Área 51 se utilizó como base de entrenamiento para la Armada. Luego, la compañía Lockheed y la CIA la convirtieron en una base experimental secreta para probar los aviones espía U2. En 1959, 1960 y 1961, los SR71 se probaron allí porque era el área ideal para experimentos en aviones y equipos secretos, ya que estaba muy aislada, con los lados rodeados de montañas. Estaba en medio de la nada. Tenía el nivel de protección que se necesitaba. Después de 1960 comenzaron a realizar pruebas no solo en aeronaves sino también en equipos y maquinarias confidenciales. Según mis estudios en 1972 hubo un apagón total de información y datos que duró 18 meses. No se sabe exactamente qué pasó entre el verano de 1972 y enero de 1974, no hay datos de ningún tipo. Hablé con los agentes de seguridad pero no tienen idea de lo que pasó".

A lo largo de los años, por lo tanto, la base de Nelly ha estado en el centro de varias operaciones militares, todas clasificadas como de alto secreto.

Por lo que sabemos, el proyecto U2 se desarrolló inicialmente en la Base de la Fuerza Aérea Edwards, California, a principios de la década de 1950. El U2 era un avión altamente sofisticado y completamente innovador para la época.

La idea era bastante simple: queríamos construir un avión de bajo consumo de combustible, por lo tanto, capaz de tener un alcance muy largo. Además, sus características le habrían permitido volar tan alto que no podría ser detectado por un radar. Para la época, sin embargo, era un concepto extremadamente innovador, de hecho revolucionario.

Sin embargo, pronto quedó claro que un proyecto de este tipo no podía desarrollarse sobre una base como la de Edwards, ya que existían temores de filtraciones e infiltraciones en el sistema de seguridad.

Eran los años de la Guerra Fría, la actividad de espionaje militar entre los bloques soviético y occidental había llegado a su punto máximo, por lo que el miedo a la infiltración de agentes enemigos en el interior de la base era más que comprensible. Los trabajadores del proyecto U2 comenzaron a buscar un nuevo sitio para continuar con su investigación, un sitio que garantizara un mayor nivel de secreto. Después de algunos intentos, finalmente identificaron el área del lago Groom, en medio del desierto de Nevada, que ya era un área de prueba nuclear en ese momento. Una vez que se estableció el lugar correcto, trasladaron allí todo el equipo de investigación, naturalmente en el más absoluto secreto.

En un principio, el avión espía U2 se presentó al público simplemente como un avión de tipo meteorológico. Solo dos semanas después del primer vuelo de prueba oficial, en agosto de 1955, el presidente de los EE. UU., Eisenhower, firmó la Orden Ejecutiva 10633 que impuso severas restricciones en el espacio aéreo sobre el Área 51.

En 1958, se emitió una nueva orden pública para hacer que los límites de la instalación fueran aún más seguros e impenetrables. Probablemente la idea era mantener en secreto el verdadero propósito de U2 como avión espía, lo que de hecho sucedió hasta que el primer avión fue derribado.

El 1 de mayo de 1960, de hecho, el piloto Francis Gary Powers fue derribado cerca de la ciudad de Sverdlosk, en lo que entonces todavía se llamaba Unión Soviética.

El gobierno estadounidense inicialmente trató de negar que se tratara de un avión espía, pero de inmediato se hizo evidente que lo que Washington decía no era la verdad en absoluto.

Este incidente no solo empeoró las ya difíciles relaciones entre los Estados Unidos y la Unión Soviética, sino que también demostró al pueblo estadounidense que el gobierno había mentido. La Casa Blanca, sin embargo, no se preocupó por las duras críticas recibidas, sino que aumentó los niveles de seguridad en torno a la base. Todo ello porque otro avión espía, el ultramoderno y futurista A12, se encontraba en un avanzado estado de experimentación.

La situación política internacional atravesaba un momento muy crítico y, en consecuencia, fue fácil para el Estado Mayor del Ejército de los EE. UU. persuadir a Washington de aumentar el nivel de guardia sin tener en cuenta la opinión pública.

En 1968, quizás en un intento por evitar filtraciones, Lindon Johnson anunció al mundo la existencia de esta maravilla de la ingeniería. En la versión oficial, sin embargo, se dijo que el A12 había sido construido y probado en la base de Edwards en California.

La base militar ahora conocida en el mundo como Área 51 ni siquiera fue nombrada. Incluso se convocó una conferencia de prensa para Edwards, con invitados oficiales. Dos aviones fueron trasladados de Nevada a California solo en el último momento para evitar que fueran manipulados o estudiados por algún espía infiltrado que podría estar dentro de una base considerada menos segura y protegida que el Área 51.

Según lo declarado por el periodista Bill Sweetman, los aviones viajaron a tan alta velocidad que cuando aterrizaron y fueron remolcados al hangar, todavía estaban lo suficientemente calientes como para disparar los sistemas de fuego de la base, mojando a los presentes.

Los experimentos en "Dreamland" continuaron en los años 70 y 80. Según muchos observadores, es dentro de estos laboratorios donde se desarrolló la tecnología conocida hoy como "stealth". Los aviones furtivos de última generación no aparecen en los radares y son difíciles de ver incluso a simple vista. En realidad, todavía se sabe muy poco sobre esta tecnología, ya que nunca se ha publicado información detallada sobre estos aviones por temor a que alguien pueda desarrollar una tecnología de radar capaz de rastrearlos.

Pero volvamos al área conocida como Área 51 que, desde que se detuvieron las pruebas nucleares, se encuentra dentro del complejo militar ahora conocido como la base militar de Nellis.

La extensión actual de todo el complejo militar es de aproximadamente 26.000 kilómetros cuadrados. De las pistas de aterrizaje de la base de Nellis salen continuamente combatientes militares de la generación más moderna, que participan en diversas simulaciones y pruebas. Estos son los llamados ejercicios Bandera Roja, el equivalente de la fuerza aérea de los Top Gun de la Marina.

El gobierno estadounidense y las más altas jerarquías militares depositan la máxima confianza en estos pilotos porque para llegar a ese nivel tuvieron que pasar largas y difíciles pruebas de admisión, pruebas que certificaron no solo su resistencia física, sino también su confiabilidad psicológica y, sobre todo, el altísimo patriotismo.

Todos los días se utilizan en misiones delicadas y secretas por todo el mundo, operaciones de las que se sabe poco o nada y que, incluso en caso de filtración de noticias, serían desmentidas por el Pentágono.

En la base de Nellis, como decíamos, vuelan los mejores jets pilotados por la élite de la US Air Force. Se involucran en simulacros de combate y maniobras que muchos consideran que están al límite de las posibilidades técnicas y humanas. El más mínimo error o vacilación a esas velocidades puede ser fatal. Al volar, los pilotos deben concentrarse y sumergirse por completo en la simulación: nada debe distraerlos, nada debe desviarlos.

Nada excepto el Área 51: de hecho, ningún piloto está autorizado por ningún motivo a sobrevolar el espacio aéreo de la base. Cualquiera que sea la simulación en la que participen, los pilotos deben detener inmediatamente la maniobra y regresar a los espacios que les han sido asignados acercándose únicamente al espacio aéreo prohibido. Cualquier ejercicio, incluso el muy delicado que simula un ataque al Air Force One (el avión del presidente de los Estados Unidos), debe detenerse. Por ningún motivo es posible sobrevolar la zona que los pilotos han bautizado como "The Box".

¿Qué se puede esconder en tal secreto en esos pocos kilómetros cuadrados hasta el punto de que ni siquiera los pilotos más preparados y confiables de la aviación militar, en definitiva, aquellos con el más amplio acceso a documentos de alto secreto, pueden ver? ¿Qué secretos requieren tal nivel de seguridad? La base, además de tener un espacio aéreo protegido, también cuenta con una serie de medidas de seguridad que la hacen prácticamente impenetrable. Todas las vías de acceso están constantemente custodiadas por agentes privados, muy a menudo ex militares o pertenecientes a los servicios secretos.

Dentro y fuera del área protegida, se han difundido sensores de movimiento y otros dispositivos sofisticados que pueden reconocer a un animal salvaje de un ser humano y, si es necesario, dar la alarma de inmediato si un intruso intenta entrar en ella. Camuflado con vegetación, hay innumerables cámaras de circuito cerrado de televisión que graban imágenes de los alrededores las 24 horas del día.

El personal de la base está todo elegido y obligado al más alto nivel de secreto, es decir, a entenderse entre sí, lo que les impide hablar de su trabajo incluso con los familiares más cercanos.

Todos los días, los vuelos de la compañía desconocida Janet Airline salen de un área separada en el aeropuerto McCarran de Las Vegas. Son planos blancos con una franja roja, completamente anónimos y sin escritura llamativa. Si por casualidad despega del aeropuerto de Las Vegas, intente vadear hacia la derecha justo antes de que el avión despegue.

Si tienes suerte, es posible que veas uno de estos aviones justo en frente del famoso hotel Luxor y su característica pirámide. Estos vuelos sirven como un servicio de transporte entre la ciudad más cercana,

Las Vegas, y el Área 51. Despegan todos los días con mucho personal de camino al trabajo.

La compartimentación, como es habitual en estos casos, dentro del Área 51 es máxima, por lo que los implicados en un proyecto difícilmente tendrán acceso a otra información o atenderán a personas ajenas a su trabajo. Según algunos, dentro de los límites de Dreamland, pero más generalmente en los laboratorios e instalaciones de la base de Nellis, personal civil y militar habría trabajado en algunos de los programas más famosos clasificados como ultrasecretos.

Entre estos, como hemos mencionado, el programa U2, pero también el misterioso programa Aurora.

El nombre Aurora significaría un avión espía capaz de volar a una velocidad superior a Mach 6 y capaz de dar la vuelta a la Tierra en menos de 5 horas. A día de hoy, a pesar de los numerosos avistamientos, se niega oficialmente la existencia de este tipo de aeronaves.

Esta es la opinión del escritor y fotógrafo Mark Farmer, gran experto en instalaciones militares:

"Probablemente uno de los puntos fuertes que se mantienen dentro de la base es la nave espacial. Es un avión suborbital que despega utilizando su propia energía. Este tipo de aeronaves deberían poder llegar a su destino, en cualquier parte del planeta, en menos de una hora".

Hasta ahora nada especial o particularmente llamativo: hay cientos o quizás miles de bases militares en todo el mundo que realizan investigaciones y experimentos en el más absoluto secreto, bases de las cuales en muchos casos se desconoce incluso su existencia.

Sin embargo, lo que caracteriza al Área 51 es un halo completamente diferente y, en algunos aspectos, más misterioso. Desde el principio, su nombre se ha asociado de alguna manera con teorías de conspiración que ven al gobierno estadounidense y algunos de sus funcionarios en el centro de oscuros complots.

Para un grupo de ufólogos fanáticos en los laboratorios del Área 51 estudiarían incluso tecnologías alienígenas o platillos voladores y otros motores basados en principios físicos desconocidos para nosotros.

Para algunos, existiría un hilo conductor que uniría hechos distantes entre sí en el tiempo, como el supuesto aterrizaje de un platillo volador en Roswell, Nuevo México en 1947 (del que hablaremos extensamente en la segunda parte de este libro), pero todos ellos forman parte de una misma conspiración de silencio o del intento del gobierno y el ejército estadounidense de engañar a la opinión pública proporcionando verdades convenientes.

Veamos qué opina el Coronel Stevens de la Fuerza Aérea, hoy uno de los más fervientes defensores de la hipótesis alienígena:

"Creo que el material almacenado actualmente en el Área 51 proviene del incidente de Roswell de 1947, del incidente de Aztec en 1948 y de otro aterrizaje alienígena que también tuvo lugar en Nuevo México en 1949 o 1950.

Los restos se trasladaron inicialmente a Los Álamos y otros lugares de Nuevo México bajo el control de la Comisión de Energía Nuclear. Sin embargo, estas eran estructuras demasiado pequeñas, así que creo que el laboratorio principal se construyó en el Área 51. Creo que transportaron todo el material al Área 51, o al menos la mayor parte de lo que se había recuperado de otros lugares".

Pero, ¿qué sucedió realmente en Roswell en 1947? Entre el 2 y el 4 de julio de 1947 Roswell, un pueblo semidesconocido de Nuevo México, fue escenario de lo que universalmente se reconoce como el hecho OVNI más importante del siglo XX. Por supuesto, estamos hablando del famoso "Incidente OVNI de Roswell", el evento que contribuyó en gran medida a fundar la ufología moderna.

# ROSWELL,
# DONDE EMPEZÓ TODO

E s importante señalar de inmediato que el gobierno de los EE. UU. y el Pentágono nunca han admitido públicamente que algo le haya pasado a Roswell1. Sin embargo, los periódicos de la época hablaron extensamente de aquel misterioso incidente en el que, según todos, habían estado involucrados ovnis.

---

[1] En estas páginas proporcionaremos una serie de información preliminar sobre el incidente de Roswell. La complejidad del evento requiere un análisis en profundidad de los hechos de Roswell, análisis al que hemos dedicado la segunda parte de este libro.

Los diarios fueron los primeros en subrayar un factor que en los próximos años estará en el centro de una interminable polémica: Roswell, un sencillo pueblo de Nuevo México, se encuentra a pocos kilómetros de distancia de una importante base aérea del ejército de los EE. UU., que es la base que albergaba al 509º Stormo Bombardieri.

Hablamos del famoso 509th Operations Group, la unidad de la Fuerza Aérea americana que en la Segunda Guerra Mundial había arrojado las dos bombas atómicas sobre Hiroshima y Nagasaki y que, al final del conflicto, era la única unidad en el mundo con bombas nucleares.

Pero veamos en detalle lo que se podía leer en los diarios estadounidenses el 8 de julio de 1947:

"La Fuerza Aérea de los Estados Unidos ha anunciado que se ha encontrado un platillo volador en un rancho cerca de Roswell y lo ha adquirido. El afortunado hallazgo fue posible gracias a la colaboración del alguacil del condado y el dueño del rancho. El platillo volador fue inspeccionado en Roswell Army Air Field y luego fue entregado al Mayor Jesse A. Marcel del 509th Bomber Wing. El Ejército de los Estados Unidos no consideró necesario dar más detalles al respecto, aunque el teniente Haught dijo que "desde ayer los muchos rumores sobre ovnis se han hecho realidad". El platillo volador se estrelló la semana pasada. El propietario del rancho mantuvo el objeto volador hasta que pudo ponerse en contacto con la policía, ya que no tenía teléfono. El sheriff luego informó de inmediato al mayor Marcel. La Fuerza Aérea no ha revelado el nombre del dueño del rancho ni la ubicación exacta del hallazgo".

Pero las declaraciones del teniente Haught fueron inmediatamente desmentidas por el general Roger Ramey, comandante de un destacamento de la Fuerza Aérea en Texas: de hecho, en un comunicado de prensa difundido por el general se podía leer que los oficiales de la 509 habían hecho una trivialidad. error al cambiar un globo meteorológico y su reflector por los restos de un platillo volador.

En todo caso, el "misterioso" dueño del rancho donde supuestamente ocurrió el accidente era el señor William W. "Mac" Brazel.

El hombre había encontrado una serie de extrañas láminas de metal dentro de su propiedad y, en un principio, había pensado en algún accidente aéreo. Solo más tarde, después de compararse con los demás habitantes de Roswell, Brazel se dio cuenta de que podrían ser los restos del misterioso platillo volador que se estrelló la noche del 2 al 3 de julio de 1947 cerca de Roswell.

Es importante subrayar que luego de ese episodio Brazel fue detenido por una semana por la Fuerza Aérea y que, una vez liberado, negó categóricamente lo que había dicho anteriormente. Los testimonios de los muchos ciudadanos de Roswell que dicen haber presenciado el accidente, sin embargo, nos permiten reconstruir de forma bastante precisa lo que debió ocurrir en la noche entre el 2 y el 3 de julio de 1947.

Los primeros avistamientos hablan de un objeto luminoso discoide que alrededor de las 21:50 se lanzó en el cielo hacia la localidad de Corona. Posteriormente se desató una violenta tormenta y en las horas previas a la madrugada del 3 de julio, con toda probabilidad, ocurrió el accidente: el principal testimonio habla de un objeto volador no identificado que se estrelló en el desierto, aunque hay testigos que incluso hablan de la presencia. en Roswell de dos platillos voladores.

Hasta el día de hoy se desconocen los motivos que habrían provocado este accidente. Todos los seres que ocupaban el platillo volador habrían muerto en el accidente.

Los testigos que intervinieron en el lugar del accidente coinciden en que alrededor de los restos de lo que a todos los efectos parecía un platillo volante se veían claramente seres humanoides, claramente sin vida, de complexión esbelta, cabezas enormes, tez muy blanca y con los cuerpos completamente lampiños.

Poco después habría intervenido un camión militar que habría incautado toda la zona, sacando a los civiles y diciéndoles que guardaran la más estricta confidencialidad sobre lo que habían visto.

Al respecto, es muy interesante lo declarado por Elias Benjamin, policía militar del 390th Air Service

Squadron, quien en la noche del 7 al 8 de julio escoltó tres cuerpos bajo una sábana desde el Hangar 84 hasta el hospital de la base militar de Roswell. Benjamin, entrevistado en el documental "Sci-Fi Investigates" en el episodio "The Roswell Incident", dijo que mientras cargaba esos misteriosos cuerpos tuvo la impresión de que se movían.

De hecho, durante la transferencia, la sábana se movió y Benjamin vio una cara gris e hinchada, una cabeza sin pelo de un ser que evidentemente no era humano.

Al llegar al hospital base, Benjamín pudo ver clara y directamente a uno de esos extraños seres:

"Era muy pequeño, con una cabeza en forma de huevo que era más grande que el cuerpo. Las únicas características de la cara que recuerdo ahora son que tenía los ojos rasgados, dos agujeros que podrían haber sido la nariz y una pequeña hendidura que podría haber sido la boca. Creo que estaba vivo. Había un olor terrible en el hospital".

Según esta reconstrucción de los hechos, todo el material encontrado en Roswell fue transportado a la base militar de Wright Patterson y, tras unos años de investigaciones y estudios, se encontraron los restos del misterioso platillo volador y los cadáveres de los extraños seres encontrados en las inmediaciones. se trasladó definitivamente a la denominada Área 51.

Finalmente, no podemos dejar de informar lo que dijo el astrofísico Johannes Von Buttlar sobre el accidente de Roswell en 1995. Durante un congreso de OVNIS, Von Buttlar afirmó haber visto personalmente documentos de alto secreto según los cuales el platillo volador de Roswell era en realidad una máquina meteorológica. Por lo tanto, sus pilotos no eran extraterrestres sino simplemente hombres del futuro.

Todo el asunto habría sido clasificado por el Gobierno estadounidense que habría montado la versión oficial del globo sonda y la no oficial del platillo volante en paralelo para despistar a la opinión pública. Todo lo que sabemos sobre Roswell sería por tanto fruto de una precisa labor de desinformación orquestada por los líderes del Pentágono y del gobierno de Estados Unidos. Desafortunadamente, sin embargo, Von Buttlar nunca ha podido aportar ninguna evidencia para respaldar esta tesis. Sin embargo, hay dos informes oficiales del gobierno sobre los eventos de Roswell.

El primero, "El Informe Roswell: realidad versus ficción en el desierto de Nuevo México", se publicó en 1995 y estableció que los materiales recuperados en Roswell en 1947 eran restos de un programa secreto del Ejército de EE. UU. llamado "Proyecto Mogul". Fue un experimento que utilizó globos de gran altura para detectar ondas sonoras generadas por misiles balísticos soviéticos, o por posibles explosiones nucleares en la atmósfera.

En 1997 se publicó entonces "The Roswell Report: Case Closed", documento en el que se afirma que los supuestos cuerpos de extraterrestres encontrados en Roswell eran en realidad simples maniquíes antropomórficos utilizados en programas militares del ejército estadounidense, como el Proyecto High Dive realizado en 1950.

La comunidad OVNI internacional no cree en estos dos documentos del gobierno estadounidense que, por el contrario, ha sido acusado una vez más de ser el responsable de una cuidadosa labor de desinformación.

El Gobierno y el Ejército de los EE. UU. después del caso Roswell siempre han negado categóricamente todos los avistamientos de ovnis realizados en suelo estadounidense, una verdadera "conspiración de silencio" destinada a mantener en secreto la verdad sobre los encuentros cercanos con seres extraterrestres ocurridos en el último siglo.

Al respecto, en el mencionado "Informe Roswell: Realidad versus Ficción en el Desierto de Nuevo México" se puede leer lo siguiente:

"Este, por supuesto, es el punto del asunto. Las personas pro-OVNI que obtengan una copia de este documento afirmarán en este punto que el encubrimiento continúa.

A pesar de toda nuestra investigación indica claramente que no hay evidencia de que un platillo volador haya caído en Roswell, ni que se hayan encontrado cuerpos extraterrestres, y mucho menos que todo esto se deba a quién sabe qué operaciones militares secretas.

Esto no significa que el aspecto OVNI no preocupara seriamente a la Fuerza Aérea al principio. Sin embargo, hay que aclarar que en su momento el término "OVNI" se refería literalmente a cualquier objeto volador no identificado.

El término aún no había asumido su significado actual, a saber, el de una nave espacial extraterrestre".

Pero volvamos a centrarnos en el Área 51 y en los testimonios de quienes hablaron de presencias extraterrestres dentro de esta misteriosa estructura. Muy interesante al respecto, escuchamos lo declarado por el expiloto de Lear del que ya hemos hablado anteriormente:

"El proyecto del platillo volador, que es el proyecto llamado Red Light, comenzó en 1960, al menos según la información que he recopilado. Habían intentado volar uno o dos barcos pero hubo un accidente muy grave y las operaciones se interrumpieron durante unos años. Los vuelos de prueba se reanudaron en los años siguientes alrededor de 1980/81, nuevamente en esa área.

Puedo decir esto casi con certeza porque las medidas de seguridad aumentaron significativamente durante ese tiempo.

Entre mis diversas fuentes de información, la principal es Bob Lazar, que trabajó en un platillo volador guardado allí".

¡Es hora de hablar de Bob Lazar, el "flautista de Hamelin"!

# EL FLAUTISTA
# DE HAMELIN

¿Quién es Bob Lazar? Se sabe muy poco sobre la vida de Robert Scott Lazar, más adelante entenderemos por qué. En 1989 Lazar concedió una famosa entrevista al periodista George Knapp de la cadena de televisión K-LAS de Las Vegas. Durante esta entrevista, Lazar afirmó que él era un físico anteriormente empleado en el Área 51 y que quería contar lo que había podido ver con sus propios ojos porque temía por su seguridad.

Básicamente pensó que la notoriedad lo protegería de represalias más o menos graves contra él y su familia. Habló de su trabajo en estrecho contacto con tecnologías extraterrestres mantenidas dentro de la base y dio otros detalles muy precisos. Lazar y Lear se conocían, de hecho parece que fue el propio Lear, deseoso de tener un testimonio directo desde dentro, quien empujó a Lazar a buscar trabajo en el Área 51.

Leamos lo que dijo John Lear:

"Durante el verano de 1988 hice tasar mi casa y el topógrafo, un entusiasta de los extraterrestres, trajo consigo a un amigo suyo, un científico que había trabajado en el laboratorio de Los Álamos. El experto quería su opinión sobre los ovnis. En ese momento estaba participando en muchas conferencias y mi nombre era famoso en el mundo de la ufología. En resumen, conocí a esta persona, Bob Lazar, y se mostró absolutamente escéptico. Me dijo que estaba trabajando en Los Álamos en proyectos de Star Wars con un alto nivel de seguridad y que tenía acceso a muchos compartimentos. Me dijo que si había algo así, alguna tapadera, lo sabría por dentro. Durante los siguientes tres o cuatro meses, profundicé mi relación con Bob y le di cierta información que verificó con algunas personas en las que confiaba. Le dije que uno de los alienígenas bajo custodia estaba en una instalación de máximo secreto llamada YY2. Bob descubrió que en Los Álamos había una zona de acceso prohibido llamada YY2. Esto no prueba en absoluto que haya extraterrestres allí, pero sí prueba que yo sabía de información confidencial.

Bob entonces decidió investigar. Dado su alto nivel de especialización, sus 2 licenciaturas y 2 maestrías del MIT, y habiendo conocido previamente al Dr. Teller, el padre de la bomba H, le envió un currículum. Teller le ofreció dos trabajos: en EG&G en Las Vegas o en el laboratorio de Livermoore en California. Bob le dijo que quería trabajar en el Área 51. No le dijo por qué, pero queríamos que estuviera lo más cerca posible del lugar donde, pensamos, se llevaron a cabo los experimentos con ovnis".

Según el relato de Lear Lazar, luego fue contactado por EG & G y luego de una larga serie de entrevistas destinadas a verificar su preparación técnica y nivel de confiabilidad, finalmente fue contratado y destinado a Dreamland.

El mismo Lazard contó muy claramente lo que pasó:

"Lo primero que supe fue el 6 de diciembre de 1988. Bob vino a verme a casa como solía hacer por la noche.

Estaba escribiendo unos cheques,          se sentó frente a mí y le pregunté: "Hola Bob, ¿cómo estás?" y me dijo: "Hoy vi un disco".

Estaba tan desconcertado que le dije: "¡¿Qué?!?!?!" y él otra vez: "Hoy vi un disco" y yo "¿Uno de los nuestros o uno de ellos?". "De ellos" .

Le pregunté "¿Has estado en la base?" y él "Sí, acabo de volver de allí era la primera vez", y le respondí

"Oh, Dios mío, ¿qué estás haciendo aquí? No arriesgues tu pase, trabaja ahí un rato y trata de entender qué está pasando", y él "no, después de todo lo que has tenido que pasar, nadie te quería creer… quiero decirte exactamente lo que vi".

Y durante las siguientes 3 horas y 47 minutos me describió los detalles. Me dijo cosas tan increíbles que si no hubiera sabido que Bob era absolutamente sincero, habría sospechado de él. No tenía por qué dudar de que lo que me había dicho era única y exclusivamente la verdad".

Unas semanas más tarde, Lazar hizo más. Una noche acompañó a Lear a un área fuera de los límites de la base cerca de un buzón a unos pasos de la carretera 375, diciendo que desde allí esa misma noche podrían presenciar un vuelo de prueba.

Y en efecto después de unos minutos, desde el fondo del valle, vieron un objeto moviéndose en vuelo que seguía trayectorias y caminos absolutamente imposibles para un avión normal: ¿era un OVNI?

No tenemos ningún elemento que lo confirme, pero lo que aún nos da que pensar es la absoluta precisión de la información en posesión de Lazar, información que solo podría tener un elemento orgánico a la estructura del Área 51.

Entonces, ¿quién es realmente Bob Lazar? Cara limpia, anteojos grandes de nerd, para algunos en realidad sería alguien con información de alto secreto, mientras que para otros es simplemente un mitómano loco.

Pero, ¿qué dijo exactamente Lazar en sus muchas entrevistas de radio y televisión? Según Lazar, su cometido habría sido la ingeniería inversa, es decir, analizar y comprender cómo funciona una tecnología desconocida para nosotros a partir de un artefacto preexistente de origen alienígena. ¿Qué dices haber visto?

Esto es lo que dijo:

"Pude conocer al Dr. Teller en Los Álamos y en esa ocasión charlamos un poco. Pronto me mudé a Las Vegas y comencé a enviar varias solicitudes de empleo a laboratorios nacionales e incluso a Teller. Me llamó para decirme que tal vez había algo para mí, después de un tiempo alguien de EG&G me llamó para concertar una entrevista. Inmediatamente me dijeron que EG&G no tenía nada que ver con eso y que usaban su edificio solo para entrevistas. Estaba claro que yo estaba demasiado calificado para el trabajo que tenían en mente y que tal vez surja algo en el futuro. No recuerdo cuánto tiempo después de eso, pero no pasó mucho tiempo, me llamaron para una nueva entrevista y me dijeron que tenía algo que ver con los campos de propulsión. Supuse que era algo secreto en lo que estaban trabajando. Solo más tarde me di cuenta de que era un programa de estudios de ingeniería en un casco alienígena. Luego me embarcaron en un vuelo especial desde el aeropuerto McCarran en Las Vegas hasta Groom Lake. Una vez que aterricé, tomé un autobús que se dirigía al sur hacia un lago salado llamado Papoose Lake, donde se encuentra cerca la instalación llamada S4. El clima era muy militar, no era un ambiente científico.

Había muchos controles con los máximos niveles de seguridad. Dondequiera que iba tenía que estar acompañado por un guardia armado, incluso al baño. Todas las puertas podían abrirse o cerrarse únicamente con el distintivo magnético personal. Era una atmósfera verdaderamente opresiva. La primera vez que vi la nave entrando al hangar me dije "Esto finalmente explica todos los avistamientos de objetos voladores no identificados. Estos son aviones militares secretos que están siendo probados". Sin embargo, la segunda vez que lo vi, cuando entré. adentro me di cuenta que era un avión extraterrestre. Esto fue después de que pude leer el material de información.

Tenía una forma muy clara pero esquiva, tenía la forma de los platillos voladores que todos conocemos. En total eran 9 discos, pero solo tuve acceso a uno de ellos. Estaban en hangares separados pero todos eran claramente diferentes. Nunca supe cómo se recuperaron. Muchos han avanzado hipótesis como que habían sido derribados en vuelo o que se habían estrellado contra el suelo pero no parecían dañados por lo que no creo que sean las hipótesis correctas. En el interior, el disco es muy esencial, el color gris es el único color tanto en el interior como en el exterior.

No hay bordes, todo el equipo tiene una forma redondeada. Es como si todo hubiera sido moldeado en cera con estas formas curvilíneas. El interior es muy espartano y ventilado. Hay tres cubiertas, la inferior contiene los propulsores, en la cubierta intermedia están los asientos. Luego está la cubierta superior con una pequeña sección a la que no tuve acceso. No sé qué hay ahí arriba. Estoy absolutamente convencido de que la aeronave era extraterrestre, sin duda. En primer lugar porque el objetivo del proyecto era analizarlo, si hubiera sido un vehículo americano no habríamos tratado de entender cómo lo habíamos hecho. Luego están las dimensiones del equipo interno, muy pequeñas, de los materiales utilizados que nos son desconocidos y luego del propulsor utilizado o elemento 115 que es, a día de hoy, inexistente. Esto lo agregué a la información que me habían brindado y donde claramente se indicaba que el vehículo era ajeno".

Luego, Lazar continúa explicando en detalle cómo funcionan los sistemas de propulsión utilizados por el vehículo alienígena. El vehículo se movería gracias a una reacción física de aniquilación completa del elemento 115, el elemento que no existe en la tabla periódica. Según Lazar en algunos sistemas estelares este elemento se sintetizaría de manera espontánea.

Este proceso sería capaz de generar energía pura sin dispersión alguna, al contrario de lo que sostiene el primer principio de la termodinámica según el cual siempre hay una dispersión de energía en forma de calor u otra. Como efecto secundario, se generaría una onda, la llamada "A gravitacional", que al ser amplificada y enfocada sería capaz de atraer o repeler cualquier cuerpo gravitacional.

En otras palabras, este tipo de naves espaciales podrían apuntar sus reactores a puntos ubicados a miles de kilómetros de distancia, como otro planeta, y bloquearlos. Al hacerlo, el disco sería capaz de tirar literalmente del punto objetivo hacia sí mismo, cubriendo así enormes distancias en una fracción de segundo.

La nave espacial por tanto no se movería de forma lineal como estamos acostumbrados a ver cuando los objetos se mueven en la tierra, sino distorsionando el espacio y el tiempo a su paso.

"Se han hecho muchos vuelos de prueba pero todos cortos y a baja altura, nunca fuera de la atmósfera. He visto algunas pruebas. El disco es muy silencioso y la superficie inferior emanaba una luz azul, luego, cuando el avión subió, la luz desapareció.

Casi parecía que flotaba en el aire y luego aterrizaba sin problemas en el suelo de forma muy silenciosa".

Lazar también aporta detalles muy concretos sobre la organización de la base y también sobre el material informativo contenido en ella al que tuvo acceso:

"Había documentos en los que esencialmente se decía que la nave era extraterrestre. También había algunos informes de autopsias que no eran muy detallados porque no había por qué darme más información, pero iban acompañados de fotografías.

Para ser precisos, había dos fotografías de un extraterrestre con el pecho abierto. Este extraterrestre solo tenía un órgano en el interior que había sido extraído y disecado.

No soy médico, pero creo que ese órgano cumplía múltiples funciones. También había otros documentos que describían la investigación realizada sobre los materiales de los que estaba hecho el platillo volador.

Breves resúmenes del trabajo realizado por los diferentes grupos. Los documentos también indicaron que los extraterrestres eran del sistema estelar Zeta Reticuli. Sin embargo, no sé si la información se obtuvo de la nave espacial o de los mapas astrales o de la instrumentación a bordo. También se mencionó una intervención extraterrestre que tuvo lugar hace millones de años.

No puedo decir si esta información era verdadera o falsa, pero la parte del sistema de propulsión, con la que estaba tratando, era cierta.

En estos breves documentos se hablaba de un contacto con la tierra que tuvo lugar hace más de 10.000 años, de alteraciones genéticas y otras cosas por el estilo. Solo vi a un extraterrestre en una fotografía, pero al pasar por cierta área miré por una ventana y vi algo pequeño, pero no puedo decir que fuera el cuerpo de un extraterrestre.

Bien podría haber sido solo un maniquí creado sobre las proporciones de su cuerpo y sobre las dimensiones de los asientos del platillo volador".

Después de unas breves referencias a su trabajo, Lazar finalmente explica que lo impulsó a salir del armario contando su experiencia en los laboratorios del Área 51.

"Es difícil de explicar, hay varias razones. La primera es por la presión que he recibido, luego también para protegerme. Además, no me parece justo que se mantenga este nivel de secreto sobre esta información. En resumen, hay muchas razones. Después de que hice estas declaraciones intentaron por todos los medios silenciarme.

Me dispararon cuando me dirigía a la autopista aquí en Las Vegas, algunos de mis amigos fueron amenazados y perdieron sus trabajos. En fin, todo ha pasado".

Pero Lazar no se limitó a las entrevistas. Durante su período de trabajo en la base secreta, evadiendo los muy estrictos niveles de seguridad, incluso logró robar un fragmento del misterioso elemento 115, el elemento desconocido en la base del sistema de propulsión alienígena.

Fue John Lear quien contó este importante detalle:

"La única evidencia en nuestro poder era un fragmento del propulsor que impulsa estos aviones que de alguna manera habíamos obtenido o más bien robado. Se trata del elemento 115, un elemento sobre el que hemos realizado varias pruebas y que también hemos filmado.

Con los experimentos queríamos demostrar el fuerte campo gravitatorio alrededor del elemento, su alta gravedad específica y otros aspectos. Pudimos constatar estas cosas por nosotros pero lamentablemente, quienes cuidan la seguridad de la base lograron poner sus manos en ese preciado y rarísimo campeón".

Las declaraciones de Bob Lazar, como es fácil de adivinar, dividieron de inmediato a la opinión pública. Por un lado, aquellos, como John Lear o el periodista George Knapp, dispuestos a jurar sobre la absoluta buena fe de Lazar y convencidos de la veracidad de su información, por otro, los más escépticos que encontraron algunas grietas en la historia de Lazar.

Veamos en síntesis las diferentes posiciones con un esquema muy simple en el que proponemos para cada uno de los puntos más discutidos las dos versiones, la contraria a Lazar y la favorable.

Contras: las credenciales de Lazar no son absolutamente verificables. No hay ni rastro de su participación en los másteres del MIT de los que habla y es prácticamente imposible tener datos ciertos sobre su vida. En resumen, Lazar parece haber salido de la nada.

A favor: Todo esto no significa nada, por el contrario, si queremos que todo esto incluso se refuerce a favor de la buena fe de Bob. Aquí es evidente que alguien está tratando de borrar el pasado de Lazar para desacreditarlo y ponerlo en una mala posición. Por lo demás, su nombre también fue borrado de la lista de empleados del laboratorio de Los Álamos pero permaneció en una guía telefónica de la base y en una publicación interna. ¿Cómo se puede explicar esto?

Contras: toda la historia de su contratación suena falsa. ¿Cómo es posible que alguien pueda entrar en contacto y ser contratado por un organismo tan protegido y secreto de una forma tan sencilla?

A favor: Lazar es un físico calificado que había trabajado anteriormente en programas secretos militares y tenía excelentes referencias.

Contras: Lazar ha olvidado partes enteras de su historia a lo largo de los años.

A favor: El estrés al que ha sido sometido es tremendo, debemos evaluar la hipótesis de que alguien está borrando sus recuerdos con técnicas desconocidas.

Contras: La historia de Lazar es poco probable, parece sacado de un libro de ciencia ficción de los años 60 más que de un laboratorio de física de los años 80.

A favor: No es cierto. Lazar nunca ha cambiado de versión, señal de que está muy convencido de lo que dice. Después de todo, no podemos descartar lo que afirma solo porque nos parece poco probable.

Contras: Lazar no ha proporcionado ninguna prueba fiable de su asistencia directa al Área 51.

A favor: Esto tampoco es cierto. Hay muchos detalles proporcionados por Bob que han encontrado confirmación a lo largo de los años con las historias de otros ex empleados de la base. No olvidemos que Lazar fue el primero en señalar el buzón como puesto de observación para vuelos de prueba. ¿Cómo podría saber cuándo se verían los objetos en vuelo y desde dónde serían visibles si no hubiera accedido a la base?

Contras: Lazar no es más que un agente secreto desplegado por el gobierno de los Estados Unidos para engañar a la opinión pública. Nos da una versión de conveniencia similar a Star Trek y así la gente, distraída por la historia de los ovnis, no piensa en los miles de millones de dólares de los contribuyentes gastados en proyectos secretos de tipo militar que se llevan a cabo dentro de la base.

A favor: si el verdadero propósito de Lazar había sido desviar la atención de la base para experimentar con nuevos aviones militares y eso es todo, entonces el gobierno ha fallado. Desde que habló Lazar, el número de personas que acuden a las vallas que rodean el Área 51 cada día ha aumentado de forma espectacular y la fama de esta base ha traspasado las fronteras de Estados Unidos.

Phil Patton, autor del mencionado Dreamland, resumió el increíble mundo que surgió a partir de las declaraciones e historias de Bob Lazar:

"Cuanto más profundizaba en su historia, más me recordaba Lazar al antihéroe de una novela de Philip K. Dick. Muchos de los protagonistas de Dick son perdedores, a menudo reprimidos banalmente ordinarios que quedan atrapados en asuntos de importancia mundial. Viven en mundos groseramente comerciales pero, al mismo tiempo, se ocupan de lo que consideran cuestiones filosóficas fundamentales.

Y se encuentran ante realidades muy complejas, a menudo contradictorias, inescrutables, que les empujan a plantearse interrogantes aún mayores:

empiezan a preguntarse si están ante una realidad hija de una voluntad cruel y enfermiza o si es todo el resultado de su locura; lo que están experimentando sucede en su cabeza o realmente hay algo mal en este universo? A menudo entonces tienen la sensación de estar dentro de una ilusión muy bien organizada, pero cuyos creadores han arruinado el efecto dejando envoltorios de bocadillos y botellas de refresco tiradas por ahí".

Entre principios de la década de 1980 y la actualidad, miles de personas acudieron al famoso buzón en un intento de ver algún objeto volador. Ese buzón plantado en medio del desierto a lo largo de los años se ha convertido en un verdadero mito: era un buzón negro que en realidad pertenecía al señor Steve Medlin, dueño del único rancho de la zona.

El propio Medlin, cansado del constante ir y venir de turistas y curiosos que no dejaban de abrir su buzón, decidió sustituirlo por uno más moderno, dotado de candado y de color blanco.

Esto en sí importa poco porque todos los entusiastas de los ovnis siguen hablando del "buzón negro", que ahora se ha convertido en un elemento básico del imaginario colectivo del Área 51. ¿Qué pasó con el viejo buzón negro? Fue subastado por 1.000 dólares en 1996. Por supuesto, el comprador era un entusiasta de los ovnis...

# LOS SECRETOS DEL ÁREA 51

Volvamos al Área 51. Muchos están seguros de que, como dice Lazar, se están estudiando y probando tecnologías alienígenas dentro de la base. Algunos de los más encumbrados ufólogos incluso están convencidos de que el personal de la base trabaja en estrecho contacto con alienígenas y extraterrestres.

Entre estas personas se encuentra Pat Travis, el dueño del pequeño restaurante ubicado no muy lejos del famoso buzón ubicado a unos pasos de la autopista 375:

"No creo que sean solo aviones. Demasiadas personas han visto y oído cosas extrañas. Estoy convencido de que los extraterrestres siempre han estado aquí entre nosotros. Creo que trabajan en estrecha colaboración con el gobierno en esta base secreta. Me dijeron que en la base hay varios seres: el gordo, el nariquito, el naranja, el azul, el reptil y el humanoide".

Desde que Lazar dijo su verdad sobre el Área 51, se han multiplicado los avistamientos de objetos voladores no identificados cerca del famoso buzón y, en general, en todo Nevada.

Estas son las palabras de algunos testigos presenciales que entrevistamos y que prefirieron permanecer en el anonimato (usamos nombres ficticios):

John: "Nos conocimos en un lugar llamado Rachel. La noticia del mitin la dio una radio de Los Ángeles y me pareció algo interesante. Conocí a un gran grupo de personas en medio del desierto. Los pasamos y llegamos al punto de encuentro. Entonces nos dimos cuenta de que teníamos que volver a donde estaban los demás y así lo hicimos. Miramos hacia el cielo como los demás hasta que vimos el primer platillo volador".

Sean: "Comencé a interesarme por el Área 51 desde el 26 de febrero de 1991 cuando fui al sitio por primera vez. Fue en ese primer viaje que estuve más cerca de un platillo volador. Fue la primera vez en mi vida que vi un OVNI. Conducía con un amigo cuando un gran objeto intermitente comenzó a moverse sobre nuestro automóvil a unos dos kilómetros de nosotros en medio del desierto. Salimos del auto y comenzamos a correr en dirección a la luz. A unos cientos de metros de nosotros se encontraba este objeto en forma de disco de unos 10 metros de diámetro que emanaba una luz naranja-roja y luego una amarilla muy brillante. De repente, la luz se volvió tan intensa que pensamos que iba a explotar, en lugar de eso, de repente se elevó hacia el cielo, volvió a bajar y luego aterrizó en el suelo.

Después de esta experiencia, informamos algunas quemaduras en la cara, envenenamiento por radiación leve y fiebre fuerte durante cuatro días. Después de ese primer viaje volví a la zona 40 o 50 veces. Allí conocí a cientos de personas".

Ray: "Me levanté una mañana y miré por la ventana. Era un día nublado pero claro. Vi dos que parecían balas.

No tenían ventanas, ni ruedas, nada en absoluto, solo dos enormes balas de metal. En ese entonces había dos, uno volaba regularmente mientras que el otro parecía ser conducido por un borracho. Se dirigieron detrás de unos apartamentos que están a unas decenas de metros de mi casa.

Me impresionó mucho y le dije a mi esposa. En respuesta, ella me miró como si estuviera loca. Dos semanas después se encontró mirando por la misma ventana y vio lo mismo.

Desde ese día he visto bastantes y me he obsesionado con él durante un tiempo. Es una cosa interesante e inexplicable".

Roer: "Una mañana acompañé a mi mujer al trabajo, de camino a casa miré por la ventana. Donde quiera que vaya, siempre tengo mi cámara conmigo. Vi este objeto no identificado en el cielo, este OVNI, estacionado e hice un video. Ocurrió dos veces, dos mañanas, y en ambos casos hice un video. Era 1991.

Para ser honesto, vimos muchos objetos voladores extraños aquí en Las Vegas, es un gran lugar para ver ovnis. Personalmente he visto ovnis en forma de cigarro, en forma de disco y otros que no puedo describir. Pasé muchas noches sin dormir escaneando el cielo en busca de ovnis".

En la comunidad OVNI internacional podemos distinguir dos grandes grupos. Por un lado, los que están dispuestos a creer cualquier historia imaginativa aunque no tenga fundamento, y por otro, los que tratan de moverse con mayor cautela y, al menos en las intenciones, con cierto rigor científico. Cabe señalar de inmediato que los miembros de este segundo grupo son muy escépticos ante la mayoría de los avistamientos y relatos de abducciones extraterrestres.

Aún hoy no son pocos, incluso entre los ufólogos

más convencidos, los que consideran el testimonio de Lazar pura fantasía. Sin embargo, para ser justos, debemos recordar que Lazar fue sometido a la prueba del polígrafo varias veces. En algunos casos, la prueba resultó ser inclusiva, pero en otros casos resultó que Lazar fue de buena fe. También se le hicieron preguntas específicas sobre esos pocos elementos de la estructura interna de la base que se filtran gracias a otros empleados.

Cosas simples como la ubicación de los baños, la ubicación de la cantina, etc. Bueno, parece que Lazar también pudo responder estas preguntas correctamente. Entonces, ¿qué esconde realmente el Área 51? ¿Qué proyecto puede requerir tal nivel de seguridad? La absoluta falta de información oficial y la impenetrabilidad de la estructura han alimentado suspicacias y rumores de todo tipo. Pero también hay un aspecto que es importante subrayar: aquellos que hacen demasiadas preguntas sobre el Área 51 pueden encontrarse con bastantes molestias.

Jim Goodal, un escritor especializado en aviación militar, sabe algo:

"Escribo para 3 revistas diferentes. He escrito numerosos artículos sobre proyectos y programas de alto secreto para las revistas "Defense Weekly", "Iteravia" y "Aviation Week/Space Technology".

Soy autor de 3 libros sobre el avión F-117. Paso todo mi tiempo libre buscando información. Por eso interrogaron a mis vecinos, abrieron mi correo y interceptaron mi teléfono. También estoy en la Guardia Nacional, me llamaron para la primera Guerra del Golfo. Pero el Pentágono ha bloqueado mi práctica, no la han rechazado, simplemente está bloqueada. Y esto es porque le he pedido demasiadas cosas a mi gobierno.

Mi respuesta fue: este es mi trabajo. Pago mis impuestos y, por lo tanto, tengo derecho a preguntarle a mi gobierno lo que creo que es correcto saber y eso es exactamente lo que hago. Por eso me he ganado muchos enemigos.

En el Pentágono tengo la reputación de encontrar información donde nadie más puede. Hasta donde yo sé, alrededor de 8 programas súper secretos están actualmente en marcha en el Área 51. A lo largo de los años he tenido la oportunidad de entrevistar a algunas personas que habían trabajado en programas de alto secreto dentro de la base.

En particular, uno de ellos había pasado 12 de los 30 años de servicio solo trabajando en los llamados Proyectos Negros. Primero le pregunté: "¿Crees en los ovnis?" Y me miró directamente a los ojos y dijo: "Estoy absolutamente seguro de que existen". Entonces le pedí que me explicara mejor pero me dijo que no podía. Aproximadamente un año después volvimos a hablar y le pregunté: "¿Puedes contarme más sobre lo que está pasando allí?". y respondió: "Pasan muchas cosas, pero nada se revelará hasta el 2025.

Pongámoslo así tenemos cosas en medio del desierto de Nevada que serían la envidia de George Lukas y Star Wars".

Entre las pocas certezas que tenemos está el hecho de que durante años, ya sea por desconocimiento o por falta de atención, gran parte del personal de base ha estado expuesto a factores contaminantes y radiactivos.

Este es el caso de Joe Bacco, un ex trabajador de bajo nivel en el Área 51. Después de años de exposición a sustancias cuyos efectos desconocía, Joe Bacco había desarrollado una extraña enfermedad que lo deshidrató muy rápidamente. Como efecto secundario, Bacco sudaba continuamente incluso en los días más secos y se veía obligado a ducharse cada 2 horas.

Bacco recuerda un incidente en 1970: un día, una tremenda explosión subterránea atrajo numerosas nubes en forma de hongo en lo alto del cielo. El suelo tembló como en un terremoto y las carreteras que conectaban el lugar del desastre quedaron inutilizables. Incluso se pensó que era un acto de sabotaje.

Ese día nevaba mucho y en la zona del desastre, donde se alojaban 900 trabajadores empleados en la base, se envió un equipo de rescate para intentar restaurar las carreteras y facilitar la evacuación. Baco era parte de este equipo.

A pesar de la nieve y las temperaturas polares en la zona de la explosión, como consecuencia de la actividad radiactiva, hacía mucho calor. En poco tiempo el cuerpo de Bacco, así como el de los demás miembros del equipo, quedó completamente cubierto de radiación.

"Había electricidad en todo mi cuerpo con chispas verdes y rojas. Después de un tiempo, me quedé completamente paralizada y seguí sangrando durante los siguientes seis o siete meses".

Durante años Baco intentará en vano que se le reconozcan sus derechos como trabajador. Pero también hay otros ejemplos, si queremos más dramáticos. En 1989, un hombre llamado Robert Frost desarrolló una extraña enfermedad. Su piel literalmente comenzó a desprenderse de su cuerpo y todas sus extremidades se cubrieron de ampollas y pústulas.

La esposa que lo asistía recuerda así aquellos días:

"Tenía la piel escamosa como la de un pez, la cara y los ojos le quemaban tanto que corría por toda la casa en busca de agua fresca para echarse en la cabeza. El dolor era insoportable".

Robert Frost también era un trabajador como Joe Bacco que acudía todos los días a la base para realizar su trabajo de chapista. Al igual que Robert Frost, muchos otros trabajadores desarrollaron a lo largo de los años una forma particular de patología que hizo que la piel se volviera escamosa y llena de cortes.

Todos los que se sometieron a exámenes médicos en hospitales y consultorios fuera de la base descubrieron que habían sido víctimas de una forma de envenenamiento debido a la exposición a una sustancia tóxica desconocida.

Esta forma de envenenamiento solo podía curarse conociendo la sustancia en cuestión. Los jefes de la base, sin embargo, nunca revelaron de qué sustancia se trataba, al contrario, incluso decidieron ocultar los resultados de la autopsia realizada a Robert Frost.

En 1992, el abogado Jonathan Turley acordó patrocinar la demanda presentada por algunos trabajadores del Área 51 que tenían los mismos síntomas que Robert Frost.

"Eran gente muy patriota, por eso los contrataron en el Área 51. Debía ser una situación muy crítica si se hubieran visto obligados a pedir ayuda. Entendieron que lo que sucedía dentro del Área 51 representaba un peligro mayor para los estadounidenses que aquel del que la base debía protegerlos".

La petición de los trabajadores era legítima: querían saber la causa de la muerte de su colega y saber si había una cura que pudiera haberlo salvado.

Temiendo por su seguridad en todos los actos del juicio, los trabajadores fueron nombrados con el nombre inventado de John Doe.

De la investigación del abogado Turley surgió que el área del Área 51 se había utilizado durante años como vertedero de desechos tóxicos muy peligrosos. Aparentemente, para evitar agujeros de seguridad, los líderes de la base habían decidido no evacuar los desechos de sus experimentos afuera, sino tirarlos todos adentro. Luego, cientos de metros cúbicos de material venenoso fueron enterrados o incluso quemados al aire libre.

Pero como sabemos, los humos resultantes de la combustión de desechos tóxicos son aún más nocivos para los humanos, ya que están compuestos por micropartículas que son más fácilmente asimilables por el organismo. Según el testimonio recabado por el abogado Turley, los trabajadores se quejaron de esta situación pero fueron puestos de nuevo en orden bajo amenaza de despido.

Los empleados que demandaron a la base tuvieron que esperar 3 años antes de tener una audiencia en la corte.

En un principio, la estrategia del gobierno fue negar la existencia de la base. La discusión en la sala se prolongó durante largos meses en los que los abogados debatieron sobre la existencia real o no de esta instalación cuya ubicación está a la vista de todos. Mientras tanto, dos trabajadores murieron.

La sentencia del noveno tribunal de apelación declaró que los empleados de la base o sus familiares no podían saber qué sustancias tóxicas estaban presentes en la base.

Según la ley presidencial 95-45 firmada por Bill Clinton, la instalación militar de Groom Lake estaba exenta de todas las leyes federales. En resumen, Groom Lake desde 1995 ha sido una especie de estado dentro de un estado dentro de la democracia más grande del planeta.

Una situación, cuanto menos, paradójica, como bien apunta el propio abogado Jonathan Turley:

"En cierto modo, fue el propio gobierno el que creó la obsesión con los extraterrestres en el Área 51. Fue una distracción útil. La ironía es que en el Área 51 el mayor peligro no provino de los extraterrestres ni del espacio. El riesgo real para los trabajadores vino del propio gobierno de Estados Unidos".

Lamentablemente, debemos recordar que este no es el primer caso en el mundo en el que se sacrifica la salud y la seguridad de algunos ciudadanos particulares en nombre de la seguridad nacional. En cualquier caso, lo que parece seguro es que en esta base se siguen realizando en la actualidad experimentos militares del más absoluto secreto.

Incluso sobre este tema las especulaciones que han circulado a lo largo de los años son de lo más diversas, muchas de las cuales son probablemente fruto de la mera fantasía. A continuación ofrecemos un completo y exhaustivo repaso por las teorías más populares, recordando una vez más que, por supuesto, no existen declaraciones oficiales que respalden ninguna de ellas.

Para algunos en Dreamland, además de aviones, también se habrían estudiado armas de nueva generación, es decir, dispositivos alimentados por fuentes de energía distintas a las tradicionales. Algunos incluso dicen que se están estudiando los sistemas de teletransportación (pero quizás se trate de personas que han visto demasiados episodios de Star Trek).

Para otros, en los laboratorios del Área 51 se estudian las llamadas armas meteorológicas, ese tipo de sistemas capaces de afectar directamente el clima y la precipitación atmosférica. Para los partidarios de esta última teoría, no hay poca evidencia de la participación del gobierno en investigaciones de este tipo.

Estarían, por ejemplo, los llamados chemtrails, o esos rastros blancos que vemos en el cielo y que pensamos que son producidos por los aviones en vuelo, pero que en realidad para quienes creen en estas teorías serían sustancias capaces de controlando las lluvias.

Muchos de los desastres naturales de los últimos años también son directamente atribuibles al uso de estas armas meteorológicas. Por ejemplo, según algunos, el desprendimiento de unos grandes icebergs en la Antártida ocurrido hace unos quince años no tendría nada que ver con el aumento de las temperaturas a nivel planetario.

Según diversas fuentes vinculadas a la galaxia de quienes siguen estas hipótesis conspirativas, en el momento del desprendimiento de esos grandes icebergs, las temperaturas en la Antártida incluso estaban descendiendo.

Para los partidarios de esta teoría, en realidad existen láseres lo suficientemente potentes como para poder cortar con precisión kilómetros y kilómetros de hielo sólido y compacto, dejando luego a la deriva estas auténticas montañas flotantes, contribuyendo así a la subida del nivel del mar. La finalidad de estas acciones podría ser política incluso antes que militar.

Crear una alarma ambiental en la población podría sentar las bases para un amplio consenso que le permita al gobierno tener más margen de maniobra. Pero una vez más nos encontramos en el campo de la especulación y no existen posiciones oficiales del gobierno al respecto, ni pruebas concretas que respalden estas hipótesis.

En diciembre de 2010, el mundo entero se estremeció cuando Julian Assange, el fundador de Wikileaks, anunció que tenía material sobre extraterrestres listo para ser publicado. Todos los entusiastas de los ovnis y los extraterrestres han esperado que el periodista australiano finalmente pueda arrojar luz sobre las mil preguntas aún sin respuesta.

El entusiasmo de la comunidad OVNI internacional, sin embargo, se calmó rápidamente cuando, después de unas semanas, el propio Assange aclaró en una conferencia de prensa que el material en su poder trataba principalmente del problema de las sectas OVNI y cómo los gobiernos intentan contrarrestar la propagación de las mismas. estos fenómenos religiosos.

Esto es lo que dijo Assange:

"Dije que hay información sobre OVNIs en las puertas de cable. Y esto es cierto, pero estas son solo pequeñas referencias pasajeras. La mayoría de las preocupaciones son sobre los cultos de ovnis y su forma de reclutar personas. Por ejemplo, hay una referencia bastante sustancial en un sobre grande, que trataremos de divulgar en el futuro, sobre los raelianos, una secta ovni que tiene una fuerte presencia en Canadá y ha sido motivo de preocupación para el embajador estadounidense en Canadá. . En ese momento, los raelianos habían afirmado haber clonado a un individuo y, de una manera incomprensible, la prensa de todo el mundo recogió la historia y la convirtió en noticia de primera plana".

En 2016, los denunciantes de Wikileaks interceptaron un correo electrónico enviado a John Podesta, ex director de la campaña electoral de Hilary Clinton, por Edgar Mitchell, ex miembro de la tripulación del Apolo 14. Mitchell, quien fue el sexto hombre en pisar la luna, dijo en un correo electrónico. que el Vaticano es consciente de la existencia de formas de vida extraterrestre.

Cabe señalar que Mitchell falleció en febrero de 2016 y por lo tanto no pudo responder a la polémica que surgió a raíz de la publicación de sus correos por parte de Wiileaks. En el correo electrónico, Mitchell le escribió a Podesta que "mi colega católica Terri Mansfield [...] nos actualizará sobre la conciencia del Vaticano sobre ETI (inteligencia extraterrestre o formas extraterrestres de inteligencia)". Mitchell, sin embargo, ya en los años 90 dijo estar convencido de la existencia de formas de vida extraterrestres inteligentes, diciendo que había podido consultar fuentes militares de alto secreto que lo habían convencido.

Para revertir por completo la situación llegaron las declaraciones de Edward Snowden en octubre de 2019. Snowden ciertamente no es una persona común y corriente, dado que estamos hablando del ex técnico informático de la CIA que, después de haber trabajado durante mucho tiempo con la NSA (Agencia de Seguridad Nacional), ha revelado públicamente una gran cantidad de material de alto secreto. Los secretos revelados por Snowden incluyen el programa de escuchas telefónicas de EE. UU. y la UE con respecto a los metadatos de las comunicaciones, PRISM, Tempora y los programas de vigilancia de Internet. Como resultado de estas revelaciones, Snowden fue acusado de violar la Ley de Espionaje de 1917 y robo de propiedad del gobierno y huyó a Rusia, donde obtuvo asilo político y donde aún vive.

Snowden por lo tanto no es una persona común o un mitómano obsesionado con los ovnis, pero es una persona que ha tenido la oportunidad de ver directamente muchos documentos de alto secreto del gobierno y el ejército de los EE. UU.

En su libro, Registro permanente, Snowden escribe:

"Hasta donde puedo decir, los extraterrestres nunca han hecho contacto con la tierra, o al menos no han hecho contacto con la inteligencia estadounidense. [...] Por si se lo preguntan -añade- sí, el hombre efectivamente aterrizó en la Luna".

Durante una entrevista con el programa "The Joe Rogan Experience", en 2019, Snowden reiteró el concepto:

"Lo sé, Joe, sé que te gustaría escuchar que en el Área 51 se guardan cadáveres de extraterrestres, pero he tenido increíblemente accedió fácilmente a los archivos de la NSA y la CIA y no encontró nada. Si hubiera algún secreto oculto, de hecho estaría muy bien escondido, incluso de aquellos que tienen acceso a los documentos más confidenciales".

Para algunos, las declaraciones de Snowden pondrían fin a todas las especulaciones sobre ovnis y civilizaciones extraterrestres. Si ni siquiera WikiLeaks, el sitio web que ha publicado información secreta capaz de avergonzar a los gobiernos de todo el mundo, puede exhibir documentos confidenciales sobre este tema, tampoco puede Edward Snowden, quien tuvo acceso al sancta sanctorum de los archivos ultrasecretos de la CIA, encontrar algo, entonces significaría que los extraterrestres simplemente no existen.

Para los ufólogos más convencidos, sin embargo, todo esto representaría simplemente una prueba más de la impenetrabilidad del Área 51 y de todos los organismos gubernamentales que tienen que ver con extraterrestres.

Una vez más, la verdad sobre los extraterrestres parece muy lejana...

# LA INVASIÓN DEL ÁREA 51
# Y OTRAS LOCURAS

En el verano de 2019, el Área 51 volvió a ser el centro de atención gracias a una iniciativa que, aunque loca y surrealista, creó bastantes preocupaciones en la cúpula del ejército y el establecimiento de EE. UU.

Hablamos de una empresa que nació en las redes sociales como un simple goliardo pero que, con el paso de las semanas, ha ido creciendo exponencialmente hasta alcanzar dimensiones preocupantes.

Todo comenzó a partir de un grupo de Facebook muy simple creado por un ciudadano australiano llamado Jackson Brown en el que se lanzó una idea extraña que podríamos resumir de la siguiente manera:

"El 20 de septiembre de 2019 presentémonos en masa frente a las puertas del Área 51 y tratemos de invadirlo, si somos muchos, no podrán detenernos a todos".

En pocas semanas el grupo de Facebook ha acumulado cientos de miles de suscriptores hasta la cifra récord de dos millones de personas registradas, creando un verdadero problema: ¿qué pasaría si cien mil personas se presentaran frente a las puertas del Área 51? ¿Cómo pudieron los militares detener a un número tan grande de civiles? Se convertiría en una masa crítica imparable si no fuera con la violencia. Pero, ¿qué gobierno de un país democrático podría justificar el uso sistemático de la violencia contra cientos de miles de ciudadanos que transitan pacíficamente? No es casualidad que el eslogan del grupo de Facebook fuera "No pueden detenernos a todos". La situación había llegado al punto de que el gobierno de los EE. UU. instó públicamente a la gente a no asistir al evento por temor a enfrentarse     a una situación inmanejable. Al final las cosas fueron diferentes, por suerte (o no, depende de tu punto de vista).

El 20 de septiembre de 2019 a partir de las tres de la mañana, cientos de personas comenzaron a llegar frente al Área 51. Una comunidad pacífica

de personas vestidas de las maneras más locas
e impensables, muy disfrazadas de extraterrestres, por
supuesto.

Solo había un centenar por lo que lo que debió ser
una gran invasión para descubrir los secretos del Área
51 se ha convertido en una gran fiesta de disfraces
en medio del desierto de Nevada.

Al final hubo cuatro arrestos: dos youtubers
holandeses que habían ingresado al área prohibida
durante 5 km unos días antes del evento,
un canadiense que había orinado en las puertas
del Área 51 y una señora que se había acercado
demasiado a las puertas ( pero que fue puesto
en libertad de inmediato). Lo que se suponía que sería
la invasión del siglo finalmente se convirtió en una
mini edición de Burning Man con una deriva
alienígena.

Entre las muchas leyendas que han rodeado al
Área 51 en las últimas décadas, no podemos dejar
de mencionar la del Majestic 12. Según muchos
teóricos de la conspiración, de hecho, el Área 51 sería
la base de MJ-12, una agencia también conocida como
Majic12. , MJ-XII o Majestic Trust.

Para los teóricos de la conspiración sería
una organización integrada por científicos, militares
y líderes gubernamentales del más alto nivel destinada
a tratar todo lo relacionado con formas de vida
extraterrestre. Por supuesto, no hay evidencia de la
existencia de MJ-12.

Quienes están convencidos de su existencia citan a menudo los documentos conocidos como Proyecto Planeta Azul, publicados por primera vez en 1984 e inmediatamente en el centro de mil controversias. Según estos documentos, el MJ-12 fue fundado en 1947 por el presidente Truman, concretamente el 24 de septiembre de 1947, es decir, unos meses después del famoso accidente de Roswell.

También está el texto oficial de la carta firmada por el presidente Truman con la que se inicia toda la operación.

Alto secreto Casa Blanca Washington
24 de septiembre de 1947.
Memorándum para el Secretario.

Estimado Secretario Forrestal, De acuerdo con nuestra conversación reciente sobre este tema, usted está autorizado a proceder con la debida celeridad y discreción con respecto a su compromiso. En el futuro, esto solo se denominará "Operación Majestic-12". Me sigue preocupando que cualquier consideración futura relacionada con la última disposición sobre este asunto quede únicamente dentro de la Oficina del Presidente luego de las discusiones apropiadas con usted, el Dr. Bush y el Director de la CIA.

Harry Truman

La existencia de esta supuesta agencia secreta siempre ha sido negada categóricamente por los organismos oficiales, llegando incluso el FBI a afirmar que los documentos del llamado Proyecto Planeta Azul no eran más que falsificaciones, así como una falsificación .otra serie de documentos presentados en los años siguientes.

Sin embargo, hay una serie de documentos, esta vez auténticos sin lugar a dudas, que prueban la existencia de una empresa de este tipo, aunque nunca se menciona el nombre de Majestic-12.

Además de los testimonios de algunos científicos que habrían estado involucrados en el proyecto, a lo largo de los años también han surgido algunos documentos canadienses fechados en 1950 y 1951. Estos documentos hablan de la existencia de una serie de estudios estrictamente confidenciales sobre ovnis por parte de un grupo que operado dentro del Pentágono en la Junta de Investigación y Desarrollo de EE. UU.

Al frente de este grupo estaba Vannevar Bush, el hombre que, según las teorías de la conspiración, fue designado por Truman como jefe del Majestic-12. En estos documentos, sin embargo, nunca se menciona el nombre de esta misteriosa organización. Todos los presuntos miembros de MJ-12 eran científicos y personal militar de primer nivel. Lamentablemente, todos murieron antes de 1984, cuando se reveló al mundo la existencia del MJ-12 (otro detalle que hace no convence a los escépticos). Sin embargo, por pura curiosidad, veamos la lista completa de los supuestos miembros del Majestic-12:

- Contralmirante Roscoe H. Hillenkoetter
- Forrest Vannevar
- James Forrestal (reemplazado después de su muerte por el General Walter Bedell Smith)
- Nathan Twining
- General Hoyt Vandenberg
- Detlev Bronk
- Jerome Hunsaker
- Contralmirante Sidney Souers
- Gordon Gray
- Donald Menzel
- General Roberto Montague
- Lloyd Berkner

Finalmente, hay un detalle que puede parecer curioso, pero que en realidad revela cómo este asunto es muy complejo de lo que uno podría creer. Lo que publicamos por primera vez en nuestra encuesta sobre el Área 51, en 2011, hablábamos de un lugar que no existía oficialmente.

De hecho, la existencia de la base militar top secret conocida como Área 51 no fue reconocida oficialmente hasta 2013. En ese año, de hecho, se desclasificó un documento elaborado por dos historiadores de la CIA en el que, por primera vez, el Área 51, que también estaba indicado en un mapa.

Antes de eso, el término Área 51 nunca había aparecido en un documento oficial y siempre había estado cubierto de omisiones. El documento desclasificado en 2013 también confirmó que se habían llevado a cabo varios programas dentro del Área 51 para probar aviones militares secretos, incluido el avión espía que sobrevoló la Unión Soviética durante la Guerra Fría, hablado incluso antes de que este documento se hiciera público.

# SEGUNDA PARTE

# EL INCIDENTE
# OVNI DE ROSWELL

¿Podemos confiar siempre en las versiones oficiales de un evento que nos dan nuestros gobiernos? ¿Hasta qué punto se puede invocar la razón de Estado para mantener a toda una nación en la oscuridad sobre un hecho en particular? No es fácil responder a estas preguntas sin caer en la retórica fácil.

La historia nos ha enseñado que los gobiernos de cualquier color y naturaleza siempre han tendido a propagar una verdad oficial que, sin embargo, no siempre coincide con la realidad de los hechos. El destino ahora comprometido de un conflicto, o el estado real de una crisis económica, solo para dar ejemplos concretos, en el pasado (y también hoy) a menudo se han mantenido ocultos a la opinión pública. Hoy, gracias a Internet y al poder de las redes sociales, todo esto se ha vuelto mucho más difícil, aunque solo sea porque el acceso a información alternativa es mucho más directo que en el pasado.

Y es quizás precisamente por eso que hoy en día el riesgo de la desinformación es paradójicamente más sutil y espeluznante, dado que puede esconderse en los meandros de la red: aprovechándose de la buena fe de los usuarios, y también de su credulidad, muchas veces inexacta. la información o los tiempos intencionalmente contradictorios proliferan sin ser perturbados en línea, encontrando una enorme caja de resonancia.

En esta perspectiva, para un gobierno que quiere encubrir algún hecho sucio, hoy en día ni siquiera es necesario envasar una verdad alternativa, basta con avivar el fuego de la desinformación alimentando deliberadamente mitos inverosímiles y contra-verdades. Solo espere a que estas teorías prosperen por sí solas, tal vez con un poco de ayuda del "gobierno" aquí    y allá.

Todo se vuelve increíblemente más complejo y, lamentablemente, también mucho más confuso, cuando se trata de avistamientos de objetos voladores no identificados o de los llamados "encuentros cercanos del tercer tipo". Estamos hablando de un tema que inevitablemente despierta la curiosidad de las personas y sobre el cual, dado que actualmente no existen pruebas ciertas e irrefutables, se puede decir todo y todo lo contrario. En varias ocasiones alguien ha adelantado la hipótesis de que los servicios secretos estadounidenses estaban detrás de los numerosos avistamientos de ovnis que se repitieron en la segunda mitad del siglo pasado en Estados Unidos. La CIA y el FBI se han involucrado en una verdadera campaña de desinformación científica destinada a distraer a la opinión pública de temas más candentes y peligrosos.

Entre otras cosas, la CIA se fundó en 1947, año en que ocurrió el misterioso incidente de Roswell: ¿será solo una coincidencia?

Ha habido quienes incluso han adelantado la hipótesis de que muchos éxitos comerciales como la serie de televisión "Visitors" o "The X-Files" eran en realidad herramientas reales de contra-propaganda gubernamental: en la práctica, Washington habría tratado de confundir al público. opinión para distraerlo. Es más, hasta la fecha no existe evidencia cierta más allá de toda duda razonable sobre la existencia de civilizaciones extraterrestres, a pesar de los repetidos estudios realizados en esta dirección por investigadores de todo tipo. Generaciones enteras de académicos e investigadores "no convencionales" han recorrido nuestro planeta y el cosmos en busca de formas de vida inteligentes, sin poder llegar a una respuesta que convenza a todos.

Somos muy conscientes de que estamos a punto de enfrentarnos a un terreno muy resbaladizo, argumentos que por su propia naturaleza son confusos y contradictorios. Por ello hemos decidido centrar nuestras pesquisas e investigaciones en los hechos. En algunos casos hemos ido más allá, tratando de dar la que creemos que era la interpretación más coherente de estos hechos, sin dejar nunca de lado, sin embargo, informar también opiniones que no compartíamos.

En cualquier caso, desde el lado que se quiera mirar, toda la historia de las supuestas relaciones entre humanos y civilizaciones extraterrestres tiene una fecha de inicio muy precisa: la noche del 3 de julio de 1947 en Roswell, Nuevo México, sucedió algo .

Aún hoy, más de setenta años después de aquella noche, no ha sido posible encontrar una versión que haga coincidir a todos sobre lo que realmente sucedió, pero una cosa es segura: aquella calurosa noche de julio dividió la historia de la civilización humana en un antes y un después. después.

A partir de ese momento, nacieron toda una serie de teorías, leyendas, verdades oficiales, contraverdades… tantas piezas de un mosaico que nunca llegas a completar, un mosaico que cambia de forma día tras día y que ha cautivado millones de personas en todo el mundo con su encanto perverso. ¿Llegaremos alguna vez a la solución final de este enigma?

Quizá haya quien mantenga a salvo esta solución desde entonces o, quizá, estemos ante la mayor y más duradera operación de contra-información jamás realizada. Los muchos estudiosos e investigadores, escépticos y no, que han tratado de desatar este nudo gordiano siempre han estado en desacuerdo en todo, excepto en un punto: en esa lejana noche de julio de 1947 algo sucedió en Roswell.

Algo que aún no se ha explicado claramente, ni por un lado ni por el otro. Algo que inquietó a la que en ese momento era la nación tecnológicamente más avanzada y más poderosa del planeta, Estados Unidos. En esta segunda parte de nuestro viaje por los misterios relacionados con el Área 51 y los secretos del Gobierno de los EE. UU. sobre los ovnis, intentaremos, por tanto, esclarecer qué ocurrió realmente en Roswell el 3 de julio de 1947, la noche en la que los extraterrestres cayeron sobre la Tierra.

# ROSWELL, JULIO 1947:
## ¿QUÉ PASÓ?

N uestra investigación parte de un único hecho cierto e irrefutable: en 1947 algo cayó del cielo cerca de Roswell en Nuevo México. En estas pocas palabras está todo lo cierto sobre este asunto.

Ni siquiera el día exacto de este desembarco, y mucho menos el día del descubrimiento, es información cierta más allá de toda duda razonable. El único hecho en el que todos están de acuerdo es que algo cayó del cielo no muy lejos de un pueblo de Nuevo México que, si no fuera por esta historia, habría permanecido como un pequeño punto en los mapas dentro del condado de Chaves.

En ausencia de ciertos hechos, tratamos de ir en orden y tratamos de reconstruir los hechos como lo haríamos en una sala de audiencias. Sólo así, quizás, podremos acercarnos a la realidad. Porque ese sigue siendo nuestro objetivo final: tratar de comprender qué sucedió realmente en ese maldito julio de 1947.

Así comienza nuestro proceso. Será un proceso basado únicamente en pistas, pistas y fragmentos de verdad mezclados con mentiras, contra-información e intentos de desorientación. Usted que está leyendo estas palabras tendrá la tarea más difícil, la de ser miembro del jurado: haremos todo lo posible, entonces será usted quien saque sus conclusiones.

Estamos en julio de 1947. La guerra acaba de terminar y Estados Unidos sigue siendo un país fuertemente militarizado. Las bases del ejército están ubicadas en casi todas partes del país, incluso si la que se encuentra cerca de Roswell en Nuevo México no se parece en nada a todas las otras estructuras militares presentes en el resto de los Estados. En la RAAF, la Fuerza Aérea del Ejército de Roswell (en ese momento, la Fuerza Aérea aún no era una fuerza armada independiente), estaba estacionada el Grupo de Bombarderos 509, la única unidad del ejército especializada en guerra nuclear. Hablamos, para entender, de la unidad que lanzó las dos bombas atómicas que arrasaron Japón y pusieron fin a la Segunda Guerra Mundial sobre Hiroshima y Nagasaki.

Nuevo México, ahora como entonces, es un territorio inhóspito, atravesado en su mayor parte por desiertos sin límites. Las condiciones de vida son de las más pésimas y, en los pocos valles donde crece suficiente pasto, se concentran pocos asentamientos agrícolas, los llamados ranchos, en los que un puñado de hombres y mujeres vivieron durante mucho tiempo al igual que los pioneros del oeste.

Solo para dar un ejemplo, el cableado completo de las líneas telefónicas en las áreas rurales alrededor de Roswell solo se realizó en 1986. En 1947, quienes vivían en esa área estaban prácticamente aislados del resto del mundo, geográficamente pero también "temporalmente" de la sociedad estadounidense. Vivir en Roswell inmediatamente después de la guerra significaba vivir en una dimensión temporal muy alejada de la que se vivía en el resto de los Estados.

Mack Brazel era un pastor que vivía con su familia a unas cincuenta millas al norte de Roswell. El trabajo de Brazel consistía en administrar un rancho propiedad de una familia tejana, los Foster. Entre las diversas actividades, el hombre se ocupaba del ganado, el mantenimiento de la casa solariega y la limpieza de las cuadras. La vida de Brazel fue la de cualquier otro pastor de la zona, marcado por los ritmos de la naturaleza y aislado de la sociedad. Al menos hasta julio de 1947.

En la noche del 3 de julio, el condado de Lincoln, donde se encuentra el rancho que dirige Mack Brazel, es barrido por una enorme tormenta de verano que descarga docenas de rayos en el suelo y truenos aterradores en la noche. Tormentas tan violentas son normales en esa época del año, pero muchos juran haber escuchado un estruendo particular esa noche, un ruido similar al de una bomba.

Al día siguiente, Brazel hace un recorrido por el rancho para ver si la tormenta ha causado algún daño a las cercas. En un potrero lejos de casa, Brazel encuentra unos restos muy extraños, a simple vista parecen los de algún tipo de naufragio, aunque Brazel no puede identificarlos con certeza.

Se trata principalmente de piezas de algo que, a primera vista, parecería papel de aluminio, pero la textura al tacto es muy diferente y, lo que es más sorprendente, el metal tiene "memoria", es decir, aunque esté doblado o enrollado. , como por arte de magia siempre vuelve a su posición original.

Brazel, que según algunos testigos estaba con uno de sus hijos en el momento del hallazgo de estos restos, en un principio no le da mucha importancia a la cosa. Entonces, después de recolectar algunas piezas de este misterioso material y otras barras de metal, se va a casa.

Sin embargo, según otra versión, esa mañana acompañaba a Brazel uno de los hijos de una familia de vecinos, Timothy "Dee" Proctor, quien en ese momento pasaba mucho tiempo con Brazel para aprender el oficio de pastor. De camino a casa, Timothy habría mostrado algunos fragmentos del misterioso material a unos amigos y junto con ellos luego partiría en su caballo para regresar a la zona donde se encontraban los restos.

Desafortunadamente, nunca sabemos qué vio exactamente Timothy Proctor. Por el resto de su vida, de hecho, Proctor se negará categóricamente a hablar de esa experiencia con nadie. En los años posteriores a este misterioso episodio, incluso su madre, Loretta Proctor, confesará que Timothy nunca volvió a ser el mismo después de ese día, e incluso agregó que había seguido comportándose de manera extraña durante muchos años, como si hubiera visto algo aterrador o, quizás, , como si hubiera estado amenazado por una entidad misteriosa toda su vida.

Recién en 1994, cuando su madre ya estaba muy anciana y enferma, Timothy dio un relato parcial de ese día. Acompañó a su madre cerca del lugar donde se encontró a Proctor, luego se desvió hacia otra zona no muy lejana: "Aquí, aquí es donde Mack había encontrado algo más", dirá con dificultad. A partir de ese momento nunca más volverá a hablar de esta historia.

Como ya hemos dicho, nunca sabremos qué vio realmente Timothy Proctor ese día y la razón es muy simple: "Dee" Proctor murió en 2006 llevándose sus secretos y sus pesadillas a la tumba. Sin embargo, sabemos una cosa y es que en ese lejano 1947 Timoteo no estaba solo: pero ¿quién estaba con él? En 1998, uno de los niños que con toda probabilidad lo había acompañado confesó que había llegado hasta "el otro lugar", lo que sugiere que el área oficial donde se encontraron los fragmentos de metal no fue la única área donde se encontró algo.

Pero volvamos a 1947 ya que, si Timothy y otros niños locales organizaron su expedición secreta, los adultos de la zona no se quedaron de brazos cruzados. Mientras tanto, Brazel ha mostrado algunas piezas del extraño metal a algunos vecinos con la esperanza de que alguien descubra qué es. Pero nadie parece haber visto algo así. Muchos, en los dos días siguientes al hallazgo, deciden acudir al lugar para echar un vistazo por sí mismos.

En consecuencia, no es posible hacer un cómputo exacto de las personas que acudieron al lugar, y mucho menos de las que efectivamente tuvieron a bien llevarse a casa "un recuerdo" de aquel extraño material.

De una cosa, sin embargo, podemos estar seguros: estamos hablando de un número de personas ciertamente superior a diez. Todos los que van a mirar a su alrededor, sin embargo, no pueden entender qué tipo de material es, ni reconocen un globo de ningún tipo en esos restos.

También hay que destacar este detalle porque en la zona ya había ocurrido otras veces que caían del cielo globos meteorológicos o militares, por lo que los lugareños estaban familiarizados con ese tipo de objetos.

Mientras tanto, Brazel se dirige a un pueblo cercano, Corona, donde espera que alguien pueda decirle de qué se trata.

Aquí también se muestran algunos restos del misterioso objeto encontrado, pero nadie logra encontrar un nombre para ese extraño e inusual material. Brazel está cada vez más preocupado, nadie es capaz de resolver ese misterio y, sobre todo, nadie viene a reclamar los restos de esa aeronave que, entre otras cosas, empieza a crear serios problemas para el pastoreo en esa zona.

El domingo 6 de julio, Brazel decide tomar su vieja camioneta y conducir por las casi 70 millas de caminos de tierra que lo separan del pueblo más cercano, Roswell. Una vez en el pueblo va a la comisaría: aquí habla con Bernie Clark, el oficial al mando ese día. Clark tampoco tiene idea de qué podría ser el material extraño y decide involucrar al Sheriff Wilcox, quien se presenta en la estación de policía poco después.

Luego de analizar ese material, Wilcox se declara escéptico, pero pone a Brazel en contacto con Frank Joyce de la estación de radio local, KGFL, quien, como todos los días, buscaba noticias frescas para el periódico radiofónico.

Según la versión oficial, que circuló durante varios años, Fank Joyce simplemente aconsejó a Brazel que consultara a los militares en la base cercana de la RAAF. Sin embargo, en la década de 1980, Joyce confesó que había hablado al menos 4 veces con Brazel y que ya durante su primera conversación, Brazel parecía muy tenso y preocupado, como si sospechara que no había nada bueno detrás de esa historia. Sin embargo, muchos han interpretado las palabras de Brazel de una manera mucho más simple, considerándolas solo las palabras preocupadas de un criador que vio comprometido su trabajo por un elemento externo que no podía controlar de ninguna manera.

"¿Quién va a limpiar todas esas cosas ahora... necesito ayuda!" Brazel seguía repitiendo por teléfono. Del otro lado del receptor, Joyce intentaba entender de qué estaba hablando, pero Brazel parecía confundido al menos: "No sé qué es... ¡tal vez sea un platillo volador!". En este punto, casi en broma, Joyce le habría aconsejado a Brazel que llamara al ejército.

Brazel, sin embargo, no pareció del todo aliviado, al contrario, respondió con estas palabras:

"Ese olor es terrible. Hay gente muerta ahí…"

"¿Qué? ¿Murió alguien? "

"Pequeñas criaturas, pobres cosas…"

"Mira, los militares a menudo hacen dioses experimentos con monos…"

"¡Dios mío! No son monos te digo y no son ¡ni siquiera los humanos!".

En ese momento Brazel dio por terminada la conversación y Joyce volvió a sus actividades intrigado por esta historia. Al día siguiente, la estación de radio para la que trabajaba Joyce grabará una larga entrevista con Brazel con su testimonio directo y sin filtros del incidente.

La cinta, sin embargo, será incautada por los militares unas horas después. A partir de ese momento se iniciaron una serie de llamadas de alerta, algunas también desde Washington, en las que se instruía al personal de la radio a no difundir ninguna noticia sobre el incidente por tratarse de asuntos de alto secreto y que podían afectar a la seguridad nacional. Pero procedamos en orden.

Al conectar el auricular, Brazel decide seguir el consejo de Joyce y, con la ayuda del sheriff Wilcox, se comunica con el ejército. Con las primeras luces de la mañana del 7 de julio, el mayor Jesse Marcel y el capitán Sheridan Cavitt parten de la casa de Mack Brazel hacia el área donde se encuentran los restos.

La noche anterior la pasó Brazel después de que informara del extraño fenómeno en la base de la RAAF. Marcel y Cavitt eran dos soldados de élite, parte del servicio secreto militar, ya empleados en misiones de máximo secreto. Los dos pasan la mayor parte del día recolectando y catalogando material.

Según varios testimonios, los restos del objeto que cayó en Roswell se extendían sobre un área del tamaño de dos campos de fútbol, por lo que los dos soldados solo pueden presentarse en la base pidiendo mayor apoyo de vehículos y hombres.

Durante ese día, Brazel, aunque extraoficialmente, estuvo bajo el control de los dos soldados, pero aun así logra escapar para ir a Roswell, donde graba la famosa entrevista de radio. ¿Por qué Brazel decide escapar del control del ejército? ¿Qué había visto que lo hizo correr un gran riesgo para publicar ese testimonio? Dejemos estas preguntas pendientes por un momento y volvamos a los hechos. A la mañana siguiente, 8 de julio, decenas de soldados llegan al sitio y comienzan la mayor operación de remediación ambiental jamás realizada en Nuevo México. Un denso cordón de policía militar se coloca para proteger el sitio con el objetivo de mantener alejados a curiosos y entrometidos.

Los vuelos militares hacia y desde la base de la RAAF se intensifican de una manera sin precedentes y la actividad dentro del recinto militar se vuelve más frenética por horas. El área es rastrillada de manera sistemática y también se utilizan potentes bombas de succión para asegurar que no quede nada en el suelo, ni siquiera el más mínimo fragmento de ese misterioso material.

Decenas y decenas de soldados se mueven al unísono, sin hablar y sin hacer preguntas.

Así recuerda ese día un testigo presencial que prefirió permanecer en el anonimato para evitar cualquier tipo de problema:

"Había soldados alineados que procedieron a recoger el material. Camiones y jeeps rodearon el área. Vimos a pistoleros bajarse de uno de los camiones. En ese momento dijimos que habíamos visto suficiente".

Muchos espectadores acuden al cordón de contención. Por sus comentarios y sus miradas, ahora estaba claro que muchos, demasiados civiles, visitaron el área antes de que llegara el ejército. Y así quedan identificados y archivados todos los habitantes de la zona.

Para los defensores de la teoría de la conspiración, es precisamente en este momento cuando los líderes de las fuerzas armadas buscan refugio y se decide implementar una verdadera campaña de desinformación que, según muchos analistas, aún hoy continuaría.

Mack Brazel incluso es tomado por los militares y sometido a interrogatorios durante horas en las que tiene que reconstruir paso a paso todas sus acciones a partir del momento en que descubrió los escombros: con quién habló, quién pudo conocer esta historia, que mostró el material.

En una palabra, los militares quieren saber todo y quieren saber inmediatamente. Las personas mencionadas por Brazel son inmediatamente identificadas, detenidas e interrogadas, las casas registradas y las muestras materiales recuperadas a toda prisa.

Pero eso no es suficiente: agentes de civil comienzan a operar en el territorio. Están buscando información, quieren nombres.

Y así en poco tiempo son detenidos e interrogados prácticamente todos aquellos que habían tenido el más mínimo contacto en la aeronave, o sólo alguna información de segunda mano, o que simplemente habían visto ese extraño material.

Un detalle debería hacernos pensar mucho: la mayoría de estas personas después de esta experiencia no querrá volver a hablar del caso con nadie más. Muchos también han admitido que han recibido fuertes amenazas que son cualquier cosa menos implícitas. En resumen, sin embargo, los hombres del gobierno que están investigando se dan cuenta de que demasiadas personas han entrado en contacto con esos hallazgos y, casi con certeza, algunas muestras del material lograron escapar del control de los militares.

En este punto crece el nerviosismo entre los militares que, según testigos de la época, se muestran cada vez más agitados y bruscos. Recordemos que los controles en el territorio por parte de personal militar continuaron durante varios años, si lo que cuenta Bill, uno de los hijos de Brazel: dos años después del aterrizaje de la misteriosa aeronave, Bill había acudido al lugar inmediatamente después de una fuerte lluvia para buscar algunas muestras del famoso material, con la esperanza de que el agua hubiera logrado sacudir un poco el suelo.

Después de una extensa investigación, logró reunir algunos artefactos, suficientes para llenar una caja de cigarros. Muy entusiasmado con ese descubrimiento, luego habló de ello por la noche en el bar con algunos amigos.

Hasta ahora todo normal, excepto que al día siguiente Bill fue despertado por unos soldados que se presentaron frente a su casa y le ordenaron que entregara los artefactos que encontrara.

Todo tenía que volver a la normalidad en esa zona: "nunca pasó nada" era la frase que los militares repetían a cualquiera que pedía información, sin saber que una bomba estaba sacudiendo a la opinión pública, y no solo a la de Roswell. Sin embargo, hasta la fecha, ninguna muestra de este misterioso material se ha exhibido como evidencia en ninguna parte.

Probablemente la mayoría de las personas que lograron apoderarse de estos artefactos ahora están muertas. Por todo el miedo de volver a involucrarse en este asunto les hizo mantener la boca cerrada.

Seguramente el ejército y los servicios secretos de los EE. UU. han estado monitoreando a las personas involucradas en este asunto durante años, es probable que en muchos casos el gobierno de los EE. UU. haya logrado recuperar la posesión de estos preciados artefactos incluso muchos años después del incidente de Roswell.

Sin embargo, existe una hipótesis inquietante adelantada recientemente y que, según informan fuentes anónimas muy cercanas a los círculos del gobierno estadounidense, ha hecho temblar a muchas personas en las "altas esferas" de la inteligencia estadounidense: parece en realidad que los servicios exteriores de otros países a lo largo de los años han entrado en contacto con estas personas, naturalmente en un intento de tomar posesión de estos hallazgos misteriosos y muy discutidos.

Ciertamente, la KGB tenía un equipo de espías entrenados para esta misión secreta.

La confirmación de esta hipótesis vendría paradójicamente de uno de los personajes más misteriosos de la historia de los Estados Unidos, a saber, Lee Harvey Oswald. El hombre que fue reconocido como el único culpable del asesinato de John Fitzgerald Kennedy por la infame Comisión Warren podría estar muy relacionado con los hechos de Roswell, veamos cómo.

Durante la primera mitad de 1959, Oswald, que en ese momento estaba enrolado en la Infantería de Marina, tras abandonar el ejército se embarcó rumbo a Helsinki rumbo a la Unión Soviética. Sí, has acertado, en plena Guerra Fría un soldado estadounidense de la Infantería de Marina decide dejar el cuerpo de élite del ejército estadounidense y se va a vivir a la Unión Soviética como si nada. Pero lo mejor está por venir: Oswald no sólo fue acogido en la URSS sin el menor problema, sino que el gobierno soviético también le consiguió trabajo en una fábrica como obrero y alojamiento en Minks (en lo que hoy es Bielorrusia), con mucho de un permiso de residencia regular. En Minsk, Oswald conoció a su esposa, Marina Prusakova.

Sin embargo, el 15 de febrero de 1962, Oswald decidió regresar a los Estados Unidos. Con la ayuda de un senador estadounidense, encuentra el dinero para su viaje. El detalle más absurdo de todo este asunto es que nadie, al menos oficialmente, se planteó jamás la cuestión de por qué este ex marine, que se había ido a vivir a Rusia al convertirse al comunismo, había regresado luego a Estados Unidos.

Hablamos de una época en la que la paranoia anticomunista era muy alta, en la que era prácticamente imposible viajar de Estados Unidos a Rusia y viceversa. Entonces, ¿cómo es posible que tal cosa haya sucedido? La explicación es muy sencilla: Oswald era en realidad un agente de la CIA enviado de incógnito a la Unión Soviética para espiar los secretos rusos.

Por lo tanto, habría hecho creer al gobierno soviético que está dispuesto a traicionar a su país en la operación de contraespionaje más clásica, pero en realidad Oswald habría sido un infiltrado de la CIA enviado más allá de la Cortina de Hierro para estudiar los movimientos de la KGB en relación con el Hechos de Roswell. Por ello su regreso a EEUU no despertó la menor preocupación por parte de las autoridades.

De hecho, una vez en los Estados Unidos, Oswald habría coordinado una unidad súper secreta dedicada a rastrear a los agentes soviéticos que investigaban suelo estadounidense en busca de los secretos de Roswell.

Llegados a este punto, se abrirían escenarios aún más oscuros porque quienes creen en esta teoría que ve a Oswald como un agente de la CIA también están convencidos de que los hechos de Roswell están en la base de la verdadera motivación del asesinato del presidente John Fitzgerald Kennedy en Dallas el 22 de noviembre de 1963. .

Aunque estamos ante una hipótesis que hay que comprobar, parece que Kennedy quiso revelar a su país los secretos del incidente de Roswell y del Área 51, cuya base secreta, como hemos visto, en su momento el Gobierno incluso persistió en negar la existencia.

La razón del asesinato del presidente de los EE.UU., por tanto, no se encuentra en la lucha contra la mafia, en las tensiones con Cuba con el escándalo relacionado con Bahía de Cochinos, o en la guerra estadounidense en Vietnam. En la base de todo estarían los secretos guardados por el ejército estadounidense sobre supuestos contactos con tecnologías y formas de vida extraterrestres.

Desafortunadamente, al continuar por este camino, uno se pierde en el mar interminable de teorías de la conspiración y contrainformación, y prácticamente ya no es posible distinguir lo verdadero de lo falso.

La figura de Oswald sigue siendo sin duda una de las más misteriosas de la historia americana (y más allá), y el hecho de que más de uno haya llegado a cruzar a este extraño personaje con lo ocurrido en Roswell en julio del 47 dice mucho sobre la importancia de este evento.!

# UN COMUNICADO
# DE PRENSA MUY EXTRAÑO

Volvamos a contar lo que sucedió en Roswell en aquel caluroso verano de 1947. A las 11 de la mañana del 8 de julio, o sea, pocas horas después de haber comenzado las operaciones de recuperación de terrenos con un enorme despliegue de hombres y vehículos, el comandante de la RAAF, el coronel William Blanchard, publica un comunicado de prensa anunciando el descubrimiento de un platillo volador.

Blanchard era un oficial de élite a cargo de operaciones de alto secreto, incluidas muchas de las pruebas nucleares que se realizaban casi a diario en ese momento. Washington, debe recordarse, ya estaba al tanto de esto, por lo que, considerando el entorno particular del que provino esta declaración, es difícil suponer que fue el trabajo de un individuo aislado que es fácilmente impresionable.

Además, no hay rastro de ninguna medida disciplinaria contra Blanchard por este motivo. Al contrario, su carrera seguirá ascendiendo hasta alcanzar el grado de general. No queda copia del comunicado de prensa original, pero conocemos muchas versiones gracias a artículos periodísticos que inmediatamente retomaron esa increíble historia en todo el mundo.

La siguiente, por ejemplo, es la transcripción del artículo que apareció en las páginas del San Francisco Chronicle el 9 de julio de 1947:

"La gran cantidad de noticias sobre la existencia de platillos voladores finalmente se hizo realidad ayer cuando el Servicio Secreto del Grupo de Bombarderos 509 en la Base Rosewell tuvo la suerte de tomar posesión de una nave espacial. Todo esto fue posible gracias a la cooperación de un pastor local y la Oficina de Policía del Condado de Chaves.

El objeto volador aterrizó en un rancho cerca de Roswell un día de la semana pasada. Al no tener un teléfono para llamar al pastor, escondió el disco hasta que pudo comunicarse con la oficina del alguacil, quien procedió a comunicarse con el Mayor Jesse Marcel de la oficina de inteligencia del 509th Bomber Group.

La situación se abordó de inmediato y la aeronave fue transportada de inmediato a la base militar en Roswell".

Si analizamos el contenido de este artículo que, no hay que olvidar, tuvo como única fuente el envío oficial de las fuerzas armadas estadounidenses, inmediatamente notamos algunas inconsistencias.

En primer lugar, estamos hablando de un avión prácticamente intacto, un platillo volador para ser precisos, mientras que los testimonios directos hablan de un material similar al papel de aluminio, nadie recuerda un artefacto completo.

Para el momento en que se publica este comunicado de prensa, 11 am, las operaciones de recuperación del área reportadas por Brazel han comenzado hace unas horas y ninguno de los espectadores presentes recuerda haber visto nada que parezca una operación de carga de un objeto voluminoso.

Luego, el artículo menciona el hecho de que Brazel habría escondido de alguna manera el avión: en este sentido, enfatizamos que Timothy Proctor, de hecho, había hablado de un segundo sitio no muy lejos del primero donde "Mack había encontrado algo más".

Aquí está el artículo publicado por otro periódico, el Roswell Daily Record, el día anterior, 8 de julio de 1947:

"Las fuerzas de la Fuerza Aérea anunciaron hoy

que se encontró un platillo volador en un rancho cerca de Roswell y se ha apoderado de él.

El afortunado hallazgo se realizó gracias a la colaboración del alguacil del condado y el dueño de un rancho. El avión fue inspeccionado en Roswell Army Air Field y posteriormente entregado al Mayor Jesse A. Marcel del 509th Bomber Wing.

El ejército no proporcionó más detalles. El teniente Haught dijo que "desde ayer los muchos rumores sobre platillos voladores se han hecho realidad".

El objeto volador se estrelló contra el suelo la semana pasada. Al no tener teléfono, el propietario del rancho mantuvo el registro hasta que pudo ponerse en contacto con el sheriff, quien a su vez informó al mayor Marcel. El nombre del dueño del rancho y la ubicación exacta del hallazgo no han sido revelados".

También de la lectura de este artículo surgen claramente todas las contradicciones ya reveladas en el artículo publicado por el San Francisco Chronicle al día siguiente. Queda claro, pues, que los dos diarios, como muchos otros diarios de la época, habían reelaborado las noticias a partir de una única nota de prensa y con contenidos muy precisos.

Podríamos citar y reportar muchos otros artículos que aparecieron en periódicos estadounidenses en esos años, pero la esencia del asunto no cambia: el ejército estadounidense emitió un comunicado de prensa oficial en el que se hablaba claramente de una nave extraterrestre.

Parece verdaderamente increíble que los militares estadounidenses hayan cometido tanta ligereza y, de hecho, acto seguido intentarán encubrir el asunto por todos los medios, incluso haciendo desaparecer el comunicado. Sin embargo, así fue exactamente.

Aproximadamente a las 3.30 del mismo día, de hecho, llega un desmentido oficial, firmado por el general Roger Ramey: no sería un platillo volador, sino un globo mucho más prosaico que sustentaba una sonda de radar utilizada para simulaciones militares.

Y con esta aclaración, el caso está cerrado para el ejército. En poco tiempo desaparece también el interés del público y de los medios. Además, en aquellos años las fuentes de información eran muy limitadas y la gente tendía a aceptar las verdades oficiales que le proponían la radio y los periódicos sin hacer demasiadas preguntas.

Además, palabras y conceptos como ovnis y extraterrestres eran relativamente poco conocidos, ciertamente no tuvieron el impacto que pueden tener hoy. La noticia, por tanto, desapareció en poco tiempo entre las muchas noticias curiosas que publican cada día los medios de comunicación de todo el mundo.

Pero si en todo el mundo el caso se desinfla rápidamente, en la zona de Roswell la tensión sigue muy alta, tanto que Brazel es prácticamente secuestrado por el ejército durante cinco días.

Durante este período no se le permite telefonear ni comunicarse de ningún modo con su familia, ni siquiera con un abogado. Nadie sabe lo que pasó en esos días. El propio Brazel ha mantenido el más absoluto secreto sobre lo que se considera en todos los aspectos un "agujero negro" sobre el que siempre se mantendrá la más estricta confidencialidad.

Después de este "secuestro", Brazel se retractó de sus declaraciones anteriores. La retractación se presenta como espontánea, pero es razonable sospechar que Brazel fue obligado a retractarse por los militares que lo habían mantenido segregado durante casi una semana.

Leamos cómo informó el Roswell Daily Record:

"Brazel argumenta que, según el tamaño de la habitación en la que se sienta, el globo que sostiene todo debe haber sido de unos tres metros y medio. El caucho del que estaba hecho era de color gris y se había dispersado en un área de casi 200 metros de diámetro. Una vez retirada la goma, quedaron restos de papel de aluminio, papel, cinta adhesiva y listones de madera de un metro de largo por unos centímetros de grosor. En total el material habrá rondado un par de kilos. No había ningún rastro de ningún tipo de metal en toda la zona que pudiera sugerir un motor y no había ningún rastro de combustible, aunque al menos un papel se había adherido al papel de aluminio. No había palabras legibles en el instrumento, aunque se reconocían letras aquí y allá. Se había usado mucha cinta adhesiva, especialmente cinta adhesiva con diseños florales. No había rastro de cables ni nada más, aunque algunos ojales en el papel sugerían que había tomas de corriente de algún tipo".

Tratemos de analizar también este artículo, resultado de la negación oficial del ejército y de las retractaciones "espontáneas" de Brazel.

Incluso en una primera lectura, es evidente el intento de devolver el asunto a un mundo más cotidiano y prosaico. No se mencionan metales o naves espaciales en particular, sino cintas adhesivas y listones de madera menos emocionantes.

Hoy sabemos con certeza que no fue un globo normal el que cayó porque, como veremos más adelante, fueron los propios jefes del ejército los que se desmintieron al dar una explicación diferente a lo sucedido muchos años después. Por tanto, somos conscientes de que, en cualquier caso, lo que se puso en marcha en 1947 fue un intento de desorientación.

Sin embargo, lo que no sabemos es por qué el ejército de los EE. UU. ha organizado esta dirección errónea: ¿para ocultar un derribo alienígena? ¿Para encubrir un secreto militar no especificado? Sin embargo, es muy interesante analizar a la luz de nuestro conocimiento actual los detalles que se han utilizado para escenificar el desvío. Por ejemplo, en su declaración, Brazel quiere especificar que no había rastro de combustible, un detalle bastante marginal si pensamos en un globo. Luego hablamos de formas florales utilizadas en una cinta aislante. Este detalle vendrá bien más adelante porque algunos testigos hablarán en realidad de barras de metal impresas con figuras extrañas, completamente incomprensibles.

Brazel habla de un instrumento, de qué instrumento y para qué podría servir, pero no lo dice. Por otro lado, es interesante la referencia a las letras del alfabeto impresas en este instrumento no especificado.

Letras en alfabeto latino aparentemente y por lo tanto se evita encubiertamente la hipótesis de que pudiera tratarse de algún dispositivo ruso, ya que en este caso las letras habrían sido las del alfabeto cirílico. Más adelante podremos volver sobre este detalle.

La referencia a la escasa cantidad global de material presente en el campo, globalmente estamos hablando de un volumen de fardo de un metro y medio por unos centímetros de espesor, es increíble si pensamos en lo que decía Brazel unas líneas antes, cuando habló de material esparcido por cientos de metros, sin mencionar las operaciones de recolección que tomaron varios hombres y vehículos durante días enteros. Mientras tanto, mientras los comunicados de prensa y los desmentidos aparecen en los periódicos, la movilización militar en el área de Roswell continúa sin cesar.

"No pasó nada, todo está bajo control", siguen repitiendo, pero mientras tanto aviones especiales y convoyes militares van y vienen de la base de la

RAAF, transportando constantemente hombres y materiales. En el mismo lapso desde Washington, el senador Dennis Chavez presiona al personal de la emisora KGFL para que no transmita el material grabado por Brazel.

El 9 de julio, algunos oficiales del ejército tocaron las puertas de todos los periódicos que habían recibido la nota de prensa sobre el platillo volante y lo requisaron. Los testigos directos e indirectos, incluidos los niños, están amenazados y aterrorizados. El pánico se extiende entre la población rural de Roswell. Y todo ello, según dicen los jefes del ejército, por un globo tan banal como el que cada año sueltan decenas en el continente americano.

Volvamos a la hipotética sala donde estamos celebrando nuestro juicio probatorio. A estas alturas, por un lado tenemos a decenas de testigos presenciales que están dispuestos a jurar que han visto algo que no era un globo, y por otro lado, una organización como el Ejército de los Estados Unidos que afirma haber encontrado los restos. de un OVNI, solo para retractarse de todo y argumentar que era solo un simple globo.

Lo más absurdo de todo el asunto es que ambas partes no han aportado la más mínima evidencia para respaldar su tesis: el ejército estadounidense, de hecho, no ha presentado ningún hallazgo que confirme la teoría del globo. Particularmente extraño, dado que de esta manera todo el asunto podría haberse cerrado en un instante.

# LOS TESTIGOS

A lo largo de los años, muchos han hablado de hechos muy relacionados con los de Roswell, relatando sucesos que, por una o otra razón, han contribuido a aumentar aún más la sombra de misterio que envuelve todo este asunto.

Con algunos pudimos hablar directamente (aunque no todos accedieron a hacerlo con su nombre real por temor a represalias), otros en cambio prefirieron no volver al tema todavía. Muchos han muerto, otros han perdido el rastro.

En las siguientes páginas presentamos una serie de testimonios seleccionados entre los que han resultado más fiables y, sobre todo, comprobables.

## GLENN DENNIS

Glenn Dennis era un hombre de negocios normal que en Roswell gozaba del aprecio de la comunidad y que, sobre todo, era considerado por todos como una persona real y sin demasiados grillos en la cabeza.

Dennis en el '47 trabajaba para una funeraria que también tenía la base de la fuerza aérea local entre sus clientes. Lo curioso es que tras el incidente de Roswell llegó un bizarro pedido de la base: de hecho, el ejército encargó a Dennis que creara una serie de ataúdes más pequeños de lo normal y que tuvieran la posibilidad de ser sellados herméticamente.

Los militares también le hicieron algunas preguntas extrañas sobre cómo mantener los cadáveres que habían estado expuestos a los agentes atmosféricos durante más de 48 horas.

Esa misma noche Dennis fue al hospital base por cuestiones de trabajo. Aquí vio claramente sobresaliendo de la cabina trasera de dos ambulancias de extraños restos metálicos sobre los que había una serie de símbolos aparentemente incomprensibles. Pero la historia de Dennis no queda ahí: al día siguiente pudo hablar con una amiga que trabajaba de enfermera en el hospital.

La mujer le dijo que algo extraño estaba pasando en la base. De hecho, durante la noche se realizaban autopsias a los cadáveres de seres muy pequeños, según la mujer parecía que eran una especie de enanos. La enfermera estaba segura de una cosa: no eran seres humanos. Sin embargo, la enfermera no solo le dijo a Dennis lo que había visto, sino que hizo más, incluso llegó a dibujar las breves características de esas extrañas criaturas en una servilleta de papel. Desafortunadamente, la niña fue trasladada de inmediato a Europa, más precisamente a Inglaterra, y se perdió todo rastro de ella.

Demos un paso atrás por un momento y volvamos a analizar la negación oficial del ejército estadounidense: desde un punto de vista puramente lógico también podríamos creer la versión oficial del ejército.

De hecho, incluso podríamos pensar que las decenas de personas que vieron los restos y tocaron el extraño material no tenían la experiencia necesaria para evaluar adecuadamente lo que estaba pasando.

Por esta razón fueron engañados en su juicio. Hay que decir, sin embargo, que en aquellos años en la zona de Roswell cayeron muchos globos, y que no pocos habitantes de la zona habían visto los restos estrellarse contra el suelo. Sin embargo, no hay una explicación plausible para la desproporcionada movilización de hombres y vehículos para recuperar un banal globo.

Mirándolo con los ojos de hoy, la historia del fútbol es todo menos convincente, podríamos decir que sin duda es muy sospechosa, pero en su momento fue suficiente para cerrar el caso frente a la opinión pública estadounidense y silenciar a todos. curioso.

Y entonces, como hemos dicho, el ejército podría haber cerrado definitivamente todo el asunto presentando los artefactos encontrados en el lugar del accidente, o mostrando fotografías que hubieran desmontado cualquier hipótesis de conspiración.

No hay que olvidar que en 1947 nadie pensaba en extraterrestres y que la verdadera fobia de los americanos era la de sufrir una invasión soviética. Cualquier objeto no identificado visto en el cielo podría ser un medio potencial de los rusos.

Además, el pueblo estadounidense tenía una gran confianza en su gobierno: acababa de terminar la Segunda Guerra Mundial, una guerra en la que los estadounidenses habían jugado el papel de salvadores del destino del mundo y, por lo tanto, la confianza en el gobierno era muy alta. En pocas palabras, Vietnam, la protesta, el asesinato del presidente Kennedy y el llamado fin de la edad de la inocencia aún estaban muy lejos.

Como resultado, la opinión pública de barras y estrellas tendió a confiar ciegamente en sus gobernantes. A todo esto hay que sumar el hecho de que Roswell era y sigue siendo un lugar muy aislado y, de hecho, durante muchos años los testimonios del incidente circularon en secreto sólo en las inmediaciones. Voces asustadas de testigos oculares que contaron algunos detalles de lo que habían visto a familiares cercanos o amigos cercanos en un intento de deshacerse de una carga demasiado grande en lugar de sacar a la luz una verdad oculta.

Este es el caso de Arthur Farnsworth, el dueño de la concesionaria Ford en Roswell. Además de la casa de la ciudad, Farnsworth era dueño de un rancho no muy lejos del área donde Brazel descubrió esos misteriosos restos.

## ARTHUR FARNSWORTH

Después de los eventos de julio de 1947, la familia Farnsworth nota un cambio en el estado de ánimo y la actitud de Arthur. Se presenta la hija Sue, quien se enfrenta a su padre y le pregunta el motivo de esta actitud inexplicable.

El hombre lleva a su hija con él, va a un área apartada del rancho y, como la misma Sue declarará solo muchos años después, finalmente encuentra el coraje para confiar en ella:

"Tu padre fue fuertemente amenazado por la policía hace unos días. No tienes que decirle a nadie lo que voy a contarte: un platillo volador se estrelló en un rancho no muy lejos de aquí. Los militares nos dijeron que si hablábamos de esto con alguien nos matarían a todos. Estuve allí tan pronto como se difundió la noticia del accidente y vi algo que no debería haber visto. Por favor, no se lo cuentes a nadie".

## LOS HERMANOS ANAYA

Los hermanos Pete y Ruben Anaya en cambio decidieron hacer pública su experiencia recién en los años 90. En 1947 los dos hombres eran los ayudantes en el campo del demócrata Joseph Montoya, un político rampante que parecía destinado a una brillante carrera y que de hecho se convertirá en Sentore. El 9 de julio de 1947 Montoya estaba en Roswell y más precisamente en la base de la RAAF para el lanzamiento oficial de un nuevo avión.

Tras la ceremonia, Montoya se trasladó al otro lado del hangar para saludar a algunos de sus seguidores que trabajaban en la base. Al pasar de una entrada del hangar a la otra, Montoya se encontró frente al hangar P-3 justo cuando un convoy especial descargaba algo.

Lo que vio en ese momento impactó tanto al político que corrió al teléfono para llamar a sus colaboradores. Su voz se quebró por el pánico, Rubén contará que había respondido a la llamada, como si hubiera visto un fantasma:

"Estoy dentro del hangar principal. Inmediatamente súbete al auto y ven a buscarme. ¡Sáquenme de aquí, inmediatamente!".

Rubén, su hermano Pete y otros dos partidarios de Montoya se subieron rápidamente al auto y se dirigieron a toda prisa a la base.

Consiguieron entrar sin mayores problemas

porque la base aún no estaba en estado de máxima alarma y, sobre todo, porque Rubén contaba con un pase regular ya que trabajaba como cocinero en el comedor de oficiales. Montoya los esperaba con inquietud.

Apenas subió al auto dio la orden de salir lo más posible de la base. lo mas rapido posible.

Durante todo el camino de regreso a la casa de los hermanos Anaya, Montoya se movió en el asiento, se llevó las manos a la cara y de repente gritó: "¡No son humanos, no son humanos!" y durante el resto del viaje miró por la ventana al espacio.

Cuando llegó a casa se calmó solo después de tomar un generoso sorbo de whisky. Solo entonces logró hablar:

"No vas a creer lo que estoy a punto de decirte y si solo intentas contarlo por ahí lo negaré todo. Entonces... había una nave espacial, una especie de disco sin alas... una especie de placa con una máquina en el centro. No tengo idea de dónde vino, tal vez de la luna. Nadie lo sabe. También vi a 4 hombres y... ¡uno estaba vivo! Seres pequeños, como mucho podían llegar a la altura del pecho. Eran delgados, con ojos grandes y bocas muy pequeñas y cabezas grandes. Estoy seguro de que uno estaba vivo porque lo escuché quejarse. ¡Eran tan delgados que no parecían humanos! Te garantizo una cosa: no son criaturas de este mundo... ¡no son de este mundo!".

Pronto Montoya se derrumbó en el sofá. Unas horas más tarde lo llevaron de regreso al hotel.

Al día siguiente, el propio Sheriff Wilcox llamó a la puerta de Anaya y sin ceremonias les dijo que si alguna vez hablaban de lo que habían aprendido de Montoya, los matarían y el mismo destino correría la misma suerte que su familia.

## ELI BENJAMÍN

Eli Benjamin era un soldado número 390 estacionado en la RAAF en ese momento. Muchos años después, ahora en sus ochenta, contará cuando se le ordenó presentarse en el hangar principal para una misión misteriosa:

"Me preparé, tomé mi arma y fui al hangar como me ordenaron. Por lo que puedo recordar, era a última hora de la tarde o de la noche. Estaba buscando al oficial al mando para recibir instrucciones cuando presencié una escena increíble fuera de la puerta del hangar. Algunos miembros de la policía militar intentaban vigilar a un oficial que, entre otras cosas, parecía estar completamente borracho. Más tarde descubrí que era el oficial al mando real que estaba buscando. Se suponía que este oficial, cuyo nombre no recuerdo ahora, debía supervisar la transferencia de material secreto del hangar al hospital y yo estaba allí para vigilar la transferencia. Más tarde supe que esta persona había estado en el lugar de aterrizaje y había visto la nave espacial. Una vez que llegó al hangar, este oficial había visto los cuerpos y para él obviamente era demasiado. En ese momento, como solo era yo, un mayor o un teniente salió del hangar y mirándome me dijo: "¡Eh, tú, ven aquí! A partir de este momento usted es responsable. Lleva estas cosas al hospital base. ¡Inmediatamente!". Y diciendo esto me mostró tres o cuatro camillas que estaban dentro del hangar, cada una de las cuales tenía algo encima tapado con una sábana. En una de las camillas tuve la impresión de que la cosa debajo de la sábana se movía. Recibidas las órdenes, me despedí de mi superior, instruí al resto de los hombres y comenzamos a cargar estas camillas en el camión que había sido enviado para esta operación. Hasta entonces, no tenía ni idea de lo que llevábamos. Mientras los hombres cargaban las camillas en el camión, una camilla se resbaló y la sábana que la cubría se desprendió. Abajo pude ver un rostro grisáceo y sin pelo de una especie que entendí que no era humana. Mi entrega fue para transportar estas camillas al hospital y esperar nuevos pedidos. Una vez que llegamos a la sala de emergencias comenzamos a descargar. Entré con la primera camilla y se la dejé al personal médico. Media docena de funcionarios médicos y no médicos corrieron alrededor de la camilla y quitaron la sábana. Desde donde me encontraron no podía ver bien dada la gran cantidad de personas que se habían arremolinado alrededor de la litera, pero aun así logré entender que se trataba de un ser con una cabeza en forma de huevo completamente desproporcionada con el resto del cuerpo. . Mi cara estaba impresionada; ojos bien abiertos, dos agujeros en lugar de la nariz y una especie de corte en lugar de la boca. Creo que ese ser aún estaba vivo. Me parece recordar que el personal médico estaba examinando ese cuerpo, pero no estoy seguro. Una vez que trajeron todas las camillas dentro del hospital, me enviaron de regreso a mi escuadrón. Me hicieron firmar un documento que me obligaba a mantener el más absoluto secreto sobre lo que acababa de suceder. Me dijeron que si alguna vez hablaba de eso, algo malo nos pasaría a mí ya mi familia. Más tarde supe que el ser aún vivo fue transportado a Alamogordo y luego a Texas o Ohio".

## EARL FULFORD

Uno de los testimonios más importantes es el del entonces sargento Earl Fulford, quien falleció en 2008. Unos años antes de su muerte Fulford decidió que no era correcto llevarse sus secretos a la tumba, por lo que salió con una serie de entrevistas, incluida una muy famosa lanzada durante la conocida transmisión de televisión Larry King Show. Su relato trata sobre una misión de máximo secreto cerca de Roswell, donde él y otros soldados trabajaron durante horas en la recolección de material extraño.

"Llegamos al lugar después de un viaje de unas dos horas. Recuerdo que había una pequeña casa no muy lejos de donde nos detuvimos. Tan pronto como el autobús se detuvo, nos ordenaron que nos bajáramos. El oficial al mando era un comandante y una patrulla de policía militar armada se desplegó a nuestro alrededor. Nos dieron costales y nos dijeron que recogiéramos todo lo que encontráramos en el suelo. Recogí pequeños pedazos de un metal color plata, el mayor de los cuales medía 7 centímetros por 30.

Parecía una especie de hoja de aluminio muy flexible que se podía enrollar con una mano, pero cuando lo soltabas volvía a tomar su forma de inmediato. forma inicial. También pensé en llevarme un trozo para llevar a casa, pero nos vigilaron y nos registraron de pies a cabeza, para que nadie se llevara nada. No vimos nada más, ni escritos extraños, ni cuerpos.

Ni siquiera hemos visto un globo o material similar. Los globos fueron lanzados desde un área no muy lejos de los dormitorios donde yo vivía en ese momento y conocía su forma y materiales. Los restos que recogimos definitivamente no eran los de un globo. Una vez que regresamos a la base, todo lo que habíamos recolectado fue llevado al Hangar 3.

Nos hicieron hacer fila y nos dijeron sin rodeos que no habíamos visto nada y que no debíamos hablar con nadie. Si hubiéramos hecho eso, nos habrían llevado a un consejo de guerra".

## ROBERT R. PORTER

Robert R. Porter formaba parte de la tripulación a bordo del vuelo que llevó las muestras recolectadas por Marcel a Fort Worth. Estas son sus declaraciones:

"Todo lo que llevamos fue escoltado por un cordón armado desde la salida de la base de Roswell. Esto me hizo entender que tenía que ser algo sumamente importante, o al menos super secreto".

Poco antes del despegue, el avión de Porter fue flanqueado por un jeep militar que pasó junto a unos paquetes rectangulares y triangulares envueltos en papel marrón normal que luego se descargaron sin su conocimiento una vez que llegaron a su destino.

## MIRIAM BUSH

Miriam Bush trabajó como empleada administrativa en el hospital interno de la RAAF. En la noche de uno de esos días dramáticos, al regresar a casa, mostró signos de hundimiento a nivel psicológico. Su hermana, a quien estaba muy unida, inmediatamente se preocupó pensando que Miriam había sido despedida o que alguien querido había muerto.

Nada más lejos de la realidad.

Entre lágrimas, Miriam le confió a su hermana que había visto algo terrible ese día en el hospital. Para empezar, según cuenta Miriam, había un ir y venir de personal fuera de la base como nunca antes había visto.

En un momento la acompañaron al interior de una habitación donde había visto una serie de cuerpos alineados en camillas. Parecían niños pero al segundo vistazo Miriam entendió que era otra cosa. La piel era grisácea a marrón y las cabezas eran demasiado grandes.

"Uno de ellos se movió. El estaba vivo ".

Después de una noche terrible, Miriam regresó a la base esperando encontrar la situación sin cambios. Sin embargo, para su sorpresa, no quedaba rastro de lo que había visto el día anterior.

Durante la noche habían habilitado una zona de la base con un edificio rodeado por una valla a la que nadie podía acercarse. Unos meses más tarde, Miriam renunció a su trabajo en la base y se mudó a California con un hombre al que había conocido recientemente.

Después de 40 años de matrimonio infeliz que encontró. el coraje para divorciarse y comenzar una nueva vida, pero las cosas se desmoronaron rápidamente. Miriam estaba cada vez más convencida de que la seguían y de que alguien se interesaba por sus movimientos.

En diciembre de 1988 fue encontrada muerta con una bolsa de plástico sellada alrededor del cuello. Había entrado sola en esa habitación y nadie había visto ningún movimiento extraño. El caso fue rápidamente descartado como un suicidio. Al menos un suicidio sospechoso, nos gustaría agregar.

## STEVEN SAIN

Steven Sain es hijo de un miembro de la policía militar que sirvió en la base de la RAAF en julio de 1947. Recientemente dijo a los medios que había recopilado algunas confidencias que le hizo su padre, Ed Sain, antes de morir.

Según pudo reconstruir su hijo, Ed Sain fue enviado la noche del 7 de julio de 1947 junto con Van Why a una zona al noroeste de la ciudad de Roswell.

Al llegar a su destino, en medio del desierto, encontraron unas tiendas militares. Su trabajo era proteger esas tiendas y dispararle a cualquiera.

Entonces, leamos lo que dijo McClelland sobre los eventos de Roswell:

"Durante mis largos años de servicio en el programa espacial estadounidense, tuve la suerte de conocer y poder familiarizarme con científicos alemanes que habían sido traídos a los EE. UU. a través de la operación "Paperclip".

Eran la élite del grupo científico que se ocupó de los prototipos de cohetes nazis durante la Segunda Guerra Mundial. A menudo tuve el privilegio de hablar con su gerente, el Dr. Werner Von Braun, y con otros científicos asignados a los equipos de lanzamiento en las rampas de Cabo Cañaveral.

Una noche, mientras charlábamos en voz baja durante un descanso, le dije que sabía que en el momento de los eventos de Roswell su grupo estaba estacionado en el campo de pruebas de White Sands, no lejos del lugar del accidente de Roswell, donde entre otros V- Se estaban probando 2 lanzamientos de misiles. Fue entonces cuando le pregunté si realmente le había pasado algo a Roswell.

Fui muy explícito y le pregunté si la historia de la nave espacial y los extraterrestres era cierta y si había tenido la oportunidad de ir al lugar del accidente. El Dr. Von Braun, un gran fumador, luego encendió un cigarrillo, se detuvo un momento para pensar y luego comenzó a contarme sin dudarlo sobre su inspección del avión estrellado. Él confió en mí porque juré que nunca se lo contaría a nadie, y nunca rompí ese juramento.

Pero ahora Von Braun está muerto y el accidente ocurrió hace más de cincuenta años... solo por eso hoy revelo su versión. El Doctor me explicó que él y sus colegas habían sido llevados al lugar del accidente y llevaron a cabo su investigación muy rápidamente. Agregó que el material del que estaba hecha la nave parecía ser un metal desconocido. Señaló que parecía que estaba hecho de material biológico, algo así como cuero, por así decirlo. Me estremecí y pensé que tal vez el avión en sí era un ser vivo. Los cuerpos recuperados estaban escondidos en una carpa médica cercana. Eran pequeños, muy frágiles y tenían cabezas enormes.

Los ojos también eran muy grandes, mientras que la piel era grisácea y parecida a la de un reptil. Dijo que parecía una tela escamosa como una serpiente de cascabel, como las que se ven en White Sands. Su inspección de los restos lo había confundido. Los fragmentos eran delgados, de color aluminio, como si fueran chicles. Eran al mismo tiempo muy ligeros y también muy fuertes.

El interior de la aeronave estaba muy desnudo, sin herramientas, como si las criaturas y la aeronave fueran parte de un solo cuerpo. En ese momento me sentí perdido. Regresamos a la ceremonia de homenaje a la que Von Braun había sido invitado y luego nos despedimos. Me costó mucho permanecer en silencio durante todos estos años: muchos de mis amigos que creen en la existencia de extraterrestres insistieron en que hablara pero sentí que tenía que mantener mi juramento".

## MILTON SPROUSE

Milton Sprouse, un veterano retirado de la Fuerza Aérea, recuerda muy bien cuando, en el verano de

1947, regresó a la base de Roswell a bordo del bombardero B-29 Dave's Dream después de un simulacro de tres días en Florida.

En ese momento, Sprouse era cabo y mecánico en la Fuerza Aérea del Ejército y, como todos los demás, había oído hablar del extraño incidente que ocurrió en Roswell a principios de julio.

Aquí está su testimonio:

"Tenía mis reservas sobre lo que me decían todos, porque cada uno decía algo diferente. Pensé "No sé"... Más tarde, cuando todo salió a la luz, podrías haber juntado todas las piezas y decir que lo que decían era verdad.

Cuando los muchachos de mi grupo regresaron del lugar del accidente, hablamos de ello durante semanas. Me dijeron todo y les creí... Dijeron "Milt, todo es verdad". Pero eso no es todo: recuerdo claramente a un niño que nos dijo que llamaron a un sargento de personal al hospital inmediatamente después del accidente. Él y dos médicos y dos enfermeras estaban en la sala de emergencias, y trajeron uno de estos cinco cuerpos humanoides que habían recuperado.

Querían que se diseccionara y querían un informe completo "de cómo funciona", dijeron, "de las partes de las que está hecho y todo lo demás". Al día siguiente de habernos contado estos locos detalles el chico fue trasladado de la base y no hemos sabido nada más.

En su momento también intentamos preguntar pero simplemente nos dijeron que nadie sabía nada. Más tarde supe que tanto las enfermeras como los médicos habían sido trasladados a diferentes destinos y nadie sabía nunca adónde habían ido. Cuando la historia de los extraterrestres se hizo pública, los fragmentos se cargaron en dos Bomber-29, uno de los cuales era el Dave's Dream, y se enviaron a la Base Wright-Paterson en Dayton, Ohio, donde todavía se encuentran hoy".

## FREDERICK BENTAL

El sargento Frederick Benthal, un fotógrafo muy experimentado, dijo que junto con Al Kirkpatrick había salido de Washington con la tarea oficial de fotografiar el naufragio y los cadáveres extraterrestres encontrados.

Los dos oficiales fueron llevados al área del presunto accidente y aquí Benthal vio una serie de camiones que transportaban restos no especificados. Luego llevaron a Benthal a una tienda de campaña donde fotografió lo que parecían ser pequeños cuerpos humanoides estirados sobre una sábana: "Eran casi todos iguales, con la piel muy oscura y delgada.

Además, sus cabezas eran de un tamaño enorme. Dentro de la carpa había un olor muy extraño, el mismo hedor que se siente cuando se trata de formaldehído. Mientras tanto, Kirkpatrick se había ido a otro lugar donde se agrupaban los camiones llenos de restos.

Benthal concluye su relato diciendo que al final del día todos sus equipos y su material fotográfico fueron confiscados por los militares quienes, después de haberlos llevado de regreso a la base, los enviaron directamente a Washington.

Nadie ha visto nunca las fotos que tomó Benthal.

# LA FÁBRICA
# DE LA DESINFORMACIÓN

Un paso importante y en muchos aspectos decisivo en la búsqueda de la verdad lo dio el teniente Walter G. Haut, en ese momento a cargo de la oficina de comunicaciones externas de la base de la RAAF. Haut es la persona que redactó y distribuyó físicamente la primera nota de prensa, la del platillo volante, y como tal era ciertamente una persona oficial informada de los hechos.

En la década de 1980 lanzó una serie de entrevistas en las que aseguraba haber escrito la famosa nota de prensa bajo el dictado del coronel William Blanchard. Básicamente dijo que estaba convencido de que la primera versión oficial, la del aterrizaje del disco, era la real.

Según Haut, no era posible que Blanchard o Marcel pudieran haber confundido los restos de un globo con los de un avión extraterrestre.

En 1993, Haut publicó una declaración jurada, una especie de memorando oficial sobre el incidente, que puede leer en su totalidad a continuación:

1. Mi nombre es Walter Haut

2. Vivo en: [omitido]

3. Actualmente estoy jubilado.

4. En julio de 1947 yo estaba en la base de la RAAF como oficial de comunicaciones externas. Eran alrededor de las 9:30 am del 8 de julio cuando recibí una llamada del coronel William Blanchard, el comandante de la base, quien me dijo que había recuperado un platillo volador o al menos parte de él. Me dijo que había sido recuperado de un rancho en el área noroeste de Roswell y que el mayor Jesse Marce de la oficina de inteligencia de la base estaría transportando todo el material a Fort Worth, Texas.

5. El coronel Blanchard me pidió que escribiera un comunicado de prensa para enviarlo a los dos periódicos de Roswell ya las dos estaciones de radio. Su idea era hacer llegar primero la noticia a los medios locales. Inmediatamente fui a la radio KGFL, luego a la KSWS y luego fui a las oficinas editoriales de los dos periódicos, el Daily Record y el Morning Dispatch.

6. Al día siguiente supe por los medos que el general Roger Ramey había declarado oficialmente

que se trataba de un globo meteorológico.

7. A juzgar por el tono en que me habló el Coronel Blanchard, creo que él personalmente vio el material. No es posible que se equivocara y no reconociera un globo sonoro. Lo mismo ocurre con el comandante Marcel.

8. En 1980 Jesse Marcel me confió que el material fotografiado en la oficina del General Ramey no era lo que él había coleccionado.

9. Estoy convencido de que el material encontrado era de origen extraterrestre.

10. No me han pagado para hacer estas declaraciones que son verdaderas en la medida en que puedo recordarlas.

En fe de lo cual:
Walter G. Haut 14 de mayo de 1993

Este primer memorándum de Haut, aunque muy interesante, no permitió ningún avance concreto en la búsqueda de la verdad.

De hecho, el testimonio habla sobre todo de los sentimientos y puntos de vista personales de Haut que, sin embargo, dado su nivel de implicación en el asunto, no deben subestimarse. Haut pronto se convirtió en uno de los testigos clave para todos los que intentaban descifrar la verdad sobre el caso Roswell pero, a pesar de la insistencia, siguió repitiendo durante mucho tiempo que no sabía nada más que lo que declaró en 1993.

Con el paso de los años Sin embargo, Haut comenzó a publicar algunas entrevistas mucho más detalladas con la condición de que solo se hicieran públicas después de su muerte en 2005.

En diciembre de 2002 preparó un nuevo memorando que redactó ante notario. Logramos tener en nuestras manos este preciado documento:

26 de diciembre de 2002

En presencia del testigo: Chris Xxxxxx Notario: Beverlee Morgan

1. Mi nombre es Walter G. Haut

2. Nací el 2 de junio de 1922

3. Mi dirección es 1405 W. 7th Street, Roswell, NM 88203

4. Estoy jubilado.

5. En julio de 1947 yo estaba en la base de la RAAF en Nuevo México como oficial de comunicaciones externas. Pasé el fin de semana del 4 de julio (sábado 5 y domingo 6) en mi residencia privada a unas 10 millas al norte de la base que estaba ubicada en la parte sur de la ciudad.

6. A media mañana del 7 de julio me informaron que alguien había encontrado los restos de una aeronave caída. Me dijeron que el mayor Jesse Marcel había sido enviado al lugar por el coronel Blanchard para investigar.

7. Más tarde ese día me informaron que otros civiles habían informado de otro lugar justo al norte

de la ciudad de Roswell. Pasé el resto del día haciendo mi trabajo normal sin más información sobre el caso.

8. El martes por la mañana, 8 de julio, me presenté a la reunión habitual de las 7:30. [...] El tema de discusión fue el informe de Marcel y Cavitt sobre un gran terreno en el condado de Lincoln a unas 75 millas de la ciudad donde se encontraron los restos. Blanchard también habló brevemente de una segunda ubicación, a unas 40 millas al norte de la ciudad. Algunas muestras de material fueron pasando de mano en mano entre los presentes. Las piezas parecían papel de aluminio del grosor de una hoja de papel pero muy resistentes. También había piezas de tela con unas extrañas figuras impresas. Todos dieron su opinión, pero nadie pudo identificar con certeza el origen del material.

9. Una de las mayores preocupaciones durante la reunión fue si deberíamos hacerlo público o no. El general Ramey propuso un plan, que creo que vino directamente del Pentágono. La idea era desviar la atención general del sitio más importante, el del norte de la ciudad, dando a conocer el otro sitio. Demasiada gente ya lo sabía y los medios también lo sabían. No me dijeron claramente cómo procederíamos.

10. Aproximadamente a las 9:30 de la mañana, el Coronel Blanchard me llamó por teléfono a la oficina y me entregó el comunicado de prensa en el que declarábamos que estábamos en posesión de un platillo volador que había sido encontrado al noroeste de Roswell y que el material estaba siendo enviado a

nuestra sede general. Luego fui personalmente a la estación de radio KGFL y KSWS, así como a los editores de Daily Recors y Morning Dispatch para entregar el comunicado de prensa.

11. Tan pronto como se envió el comunicado de prensa a los medios, me inundaron las llamadas telefónicas de todo el mundo. Los mensajes se acumularon en mi escritorio y, en lugar de interactuar con los medios, el coronel Blanchard me aconsejó que me fuera a casa y "no estuviera disponible".

12. Antes de salir de la base, el Coronel Blanchard me llevó personalmente al Hangar P-3, un hangar para los B-29 ubicado al este de la base. Incluso antes de llegar al hangar, me di cuenta de que estaba sujeto a un fuerte control armado tanto por dentro como por fuera. Una vez dentro de la estructura, me permitieron observar el objeto que habían recuperado de la zona norte desde cierta distancia. Era un artefacto en forma de huevo de unos 4 metros de largo por 2 metros de alto. No se podía ver bien pero creo que la superficie era metálica. No había ventanas, escotillas, alas o tren de aterrizaje que pudiera ver.

13. También de lejos alcancé a ver un par de cuerpos debajo de un hule. Solo se veían las cabezas y no pude reconocer ningún rasgo. Las cabezas se veían más grandes de lo normal y los osos subrayaron que hizo pensar a un niño de 10 años [...].

14. Me dijeron que se estaba habilitando una morgue temporal para los cuerpos.

15. Me dijeron que el material encontrado no

estaba "caliente", es decir radiactivo.

16. A su regreso de Fort Worth, el Mayor Marcel me dijo que había llevado muestras a la oficina del General Ramey pero, al regresar de la habitación para ir a otra oficina, había encontrado los restos de un globo con un radar en su lugar. del que había traído. Evidentemente, alguien había reemplazado las muestras originales mientras él estaba fuera. Marcel estaba muy molesto por lo que había sucedido. Nunca volvimos a hablar de eso.

17. Me autorizaron a ir a uno de los sitios solo una vez durante las operaciones de limpieza. Regresé a la base con algunas muestras del material que guardaba en mi oficina.

18. Me di cuenta de que dos equipos separados regresaron a ambos sitios meses después para realizar controles periódicos de cualquier muestra que se escapara de la primera limpieza.

19. Estoy personalmente convencido de que la aeronave y su tripulación, que he podido ver, eran de origen extraterrestre.

20. No me han pagado para lanzar estos

declaraciones que corresponden a la verdad hasta donde yo puedo recordar

Firmado:

Walter G. Haut 26 de diciembre de 2002

Las declaraciones póstumas de Haut abren nuevos y cada vez más inquietantes interrogantes, pero cabe señalar que muchos aún dudan de la autenticidad de este documento.

Según la reconstrucción del encargado de comunicaciones de la base, los sitios donde se encontró algo fueron al menos dos, y así se refleja también en varios testimonios de civiles y militares. En un sitio, el identificado por Brazel, solo habría restos de material metálico, mientras que en el otro habría una aeronave alienígena con lo que quedaba de su tripulación.

De acuerdo con esta reconstrucción, podemos suponer que la aeronave habría sido alcanzada por un rayo, u otra cosa, justo encima del primer lugar descubierto por Brazel. Aquí habría perdido parte de su estructura externa que se habría caído y dispersado en miles de pequeños pedazos.

El grueso de la aeronave continuaría su vuelo descontrolado durante unos kilómetros hasta estrellarse finalmente en la zona norte de Roswell. Más allá de las reconstrucciones sobre cómo pudieron haber ido las cosas, las declaraciones de Haut son sobre todo importantes para entender la estrategia de comunicación utilizada por los militares.

Conscientes de que el área identificada por Brazel ahora estaba "incendiada" y que muchas personas habían visitado esa zona, los militares decidieron darla a conocer al público en general.

Es más, en un ingenioso juego de espejos, habrían construido la primera nota de prensa mezclando hábilmente elementos verdaderos con elementos falsos con el único fin de poder desacreditarlo todo en un momento posterior. Esta estrategia, muy popular en los países de la entonces Unión Soviética, se conoce como desinformación.

Intentemos releer el texto del primer comunicado de prensa:

"La gran cantidad de noticias sobre la existencia de platillos voladores finalmente se hizo realidad ayer cuando el Servicio Secreto del Grupo de Bombarderos 509 en la Base Rosewell tuvo la suerte de tomar posesión de una nave espacial.

Todo esto fue posible gracias a la ayuda de un pastor local y la Oficina de Policía del Condado de Chaves. El objeto volador aterrizó en un rancho cerca de Roswell un día de la semana pasada.

Al no tener un teléfono, el conductor ocultó el disco hasta que pudo comunicarse con la oficina del alguacil, que se comunicó con el mayor Jesse Marcel de la oficina de inteligencia del 509th Bomber Group. La situación se abordó de inmediato y la aeronave fue transportada de inmediato a la base militar en Roswell".

A la luz de lo visto hasta ahora, podemos destacar los elementos ingeniosamente insertados en el texto para facilitar la segunda fase de la operación que hemos definido como "desinformación", que es aquella en la que se declaró, mintiendo como Veremos más adelante, que se trataba de un simple globo meteorológico.

En primer lugar, la declaración se refiere a un platillo volador no identificado encontrado por Brazel, cuando en cambio sabemos que todos los testimonios hablan de simples restos de material metálico en el suelo. Este elemento deliberadamente impreciso probablemente se insertó para desalentar a los testigos oculares que, al no haber visto ningún avión en el campo, probablemente habrían perdido credibilidad. Luego se habla de un avión escondido o mantenido bajo custodia por Brazel, como si un hombre pudiera llevar un artefacto de ese tamaño en sus brazos dentro de una choza.

Estas son inconsistencias obvias incluidas en la versión oficial con el único propósito de hacerla menos plausible y, por lo tanto, con toda probabilidad, mejor atacable desde el punto de vista de los medios en un momento posterior.

# JESSIE MARCEL JR.

G racias a los testimonios directos e indirectos recogidos a lo largo de los años, hoy podemos reconstruir en detalle lo encontrado por Brazel y recogido por Marcel el 7 de julio. Los testimonios hablan de:

- miles de fragmentos de un material similar al metal, una especie de aluminio, que no podía cortarse, quemarse ni deformarse permanentemente de ninguna manera;
- muchas piezas de un material similar al papel de aluminio pero con increíbles propiedades de "memoria", es decir, un material que se puede plegar y enrollar pero siempre vuelve a su posición inicial;

- unos filamentos de material desconocido capaces de transmitir luz de un extremo al otro. Esta descripción se parece mucho a la tecnología de fibra óptica que en ese momento ni siquiera estaba en estudio;
- algunos testigos hablan de una misteriosa caja negra hecha de un material plástico, muy liviana y aparentemente sin abrir. Además, este objeto podría parecerse de alguna manera a una memoria de respaldo de un procesador electrónico moderno;
- unas barras de metal con unas misteriosas inscripciones hechas de símbolos incomprensibles.

Durante años todos estos testimonios parciales y sumarios no encontraron confirmación oficial ya que ningún observador externo había visto o tocado realmente todos estos materiales.

Además, cada testigo había tenido la oportunidad de ver o experimentar individualmente las propiedades de estos objetos, por lo que no pudo dar una confirmación global de lo que realmente había sobre el terreno en el área indicada por Brazel en julio de 1947.

Pero, sobre todo, ellos eran testimonios muy a menudo de segunda mano o recogidos como confidencias más o menos anónimas. Todo esto hasta que salió a la luz un testigo de excepción: estamos hablando del hijo de Jesse Marcel.

A lo largo de los años, Jesse Marcel Jr. ha concedido una serie de entrevistas y ha escrito un libro histórico sobre el caso de Roswell. Su testimonio directo, combinado con su investigación de campo a lo largo de los años, lo convierten en uno de los principales expertos mundiales en el tema.

Así que leamos su punto de vista sobre todo el asunto como él mismo lo resumió en una famosa conferencia en 2008:

"En ese momento la ciudad de Roswell tenía unos 10.000 habitantes. El Grupo de Bombarderos 509, el que lanzó las bombas atómicas sobre Hiroshima y Nagasaki, estaba estacionado justo en Roswell. Mi padre estaba en el servicio de inteligencia en esa base. Mi padre era uno de los oficiales de más alto rango en la base. Era un héroe de guerra condecorado oficialmente con la Cruz de Bronce y el Racimo de Hojas de Roble.

En resumen, era un oficial del ejército honesto y condecorado y un veterano de guerra. También tenía una licencia de radar. Digo esto porque sé que algunos dicen que lo que se encontró en el desierto no era más que un globo con un radar adjunto. Cómo saberlo Mack Brazel había encontrado restos de un material extraño.

Para que conste, en el pasado, Brazel había encontrado muchos globos en su terreno y generalmente los llevaba al centro de recolección de desechos. Esta vez el material era diferente y bajó al pueblo a pedir consejo a la policía. El sheriff se puso en contacto con la base y en la base, sin entender de qué material se trataba, enviaron a mi padre y a otro colega suyo a investigar.

Después de pasar el día recolectando el extraño material, mi padre se detuvo en casa antes de regresar a la base. Obviamente entendió que esto era algo muy especial y quería que mi madre y yo pudiéramos verlo. Era muy tarde, quizás la una de la mañana, entró a la casa y puso algo de tela en el piso de la cocina.

Luego vino a mi habitación, me despertó y me dijo: "Muchacho, baja a ver; es algo que probablemente nunca volverás a ver en toda tu vida". Cuando entré a la cocina vi este material metálico en el piso de la cocina. Mi padre me dijo que me acercara y mirara más de cerca porque era algo único.

Creo que también me dijo que eran los restos de un platillo volador. Miré más de cerca y en particular busqué si había equipos electrónicos u otros, pero no vi nada de esto. Lo que estaba viendo era solo papel de aluminio, varillas de metal y algo de plástico negro. Cogí una de las barras y vi que había escritos dentro. Eran como jeroglíficos morados.

Alguien dijo que era cinta adhesiva con figuras de animales, pero les aseguro que los que vi no eran animales. Pasamos 15 o 20 minutos analizando estos extraños materiales, luego mi padre cargó todo en el auto y regresó a la base.

Vi que había otras muestras de material en el coche, por lo que mi padre no había descargado todo lo que había encontrado en la cocina.

Cuando se enteraron de lo que teníamos en la base, lo pusieron bajo vigilancia y lo enviaron a Fort Worth, Texas. En cuanto les fue posible organizaron una rueda de prensa en la que aseguraron que se trataba de un globo radar normal y mostraron los restos de un globo a los medios de comunicación. Mi padre quedó inmortalizado en unas fotos tomadas en la oficina del General Ramey mostrando los restos de una pelota de fútbol normal.

Por la expresión de mi padre puedes ver lo poco convencido que estaba en ese momento. De hecho, lo que muestra en las fotos no es lo que me había mostrado unas horas antes en la cocina de casa. Hubo una estrategia de cobertura masiva en todo el asunto y mi padre también fue parte de ella. Le dijeron que nunca volviera a hablar de eso y también me dijo a mí que nunca más lo mencionara.

Hoy, sin embargo, han pasado muchos años y es justo hablar de ello. Como dije, las barras de metal tenían formas geométricas, o más bien símbolos, en su interior. No eran figuras de animales, plantas o letras de ningún alfabeto. Estos símbolos reflejaron la luz.

Quiero reiterarlo, la versión oficial de los militares es que estas figuras no eran más que una cinta adhesiva con dibujos de flores, utilizada para fijar el globo al radar.

Te aseguro que lo que vi no era cinta adhesiva. Más tarde, mi padre me describió el material. La mayoría, quizás no todos, eran virtualmente indestructibles y absolutamente ignífugos. Este metal podía doblarse pero siempre volvía a su forma original.

Alguien en la base trató de golpearlo con un garrote pero no pudo ni rasguñarlo. La lámina de metal que vi sinceramente me dio la idea de ser deformable, entonces creo que había por lo menos dos tipos de metal pero, repito, quedaron algunas muestras en el auto de mi padre. En cuanto a por qué se estrelló este avión, mi opinión es que fue una falla interna o alguna avería. Las áreas con restos y escombros eran en realidad dos.

Uno es donde enviaron a mi padre y el otro donde, para que conste, había muchos más restos y donde probablemente se encontraron la nave espacial y los cuerpos de los extraterrestres. Los militares lo manejaron por compartimentación, de modo que los que fueron enviados a un sitio nunca fueron enviados al otro, para que nadie pudiera tener una visión general. Que yo sepa, mi padre nunca vio el platillo volador ni los cuerpos de los extraterrestres".

# DIFERENTES VERSIONES

C omo hemos visto, se trata de una historia complicada en la que se mezclan razón de Estado y fenómenos inexplicables, declaraciones oficiales, negaciones y contra-negaciones, muertes sospechosas y desapariciones misteriosas.

Comenzamos nuestra investigación declarando abiertamente que la única certeza en toda esta historia es que en julio de 1947 algo realmente se estrelló en la tierra cerca de Roswell. A lo largo de los años se han adelantado numerosas hipótesis, veamos en detalle aquellas que han encontrado más crédito.

## EL AVIÓN EXTRANJERO

Paradójicamente, la hipótesis aparentemente más imaginativa y ficcional es, como hemos visto, la primera versión oficial proporcionada por los militares. Según esta reconstrucción, en julio de 1947 un platillo volador o, en todo caso, un avión extraterrestre cayó no lejos de la ciudad de Roswell.

Como sabemos, esta primera reconstrucción fue desmentida a las pocas horas de hacerse pública. Para algunos habría sido un descuido de los militares que habrían comunicado el hallazgo por error. Solo más tarde, una vez que se dieron cuenta de la magnitud del evento, intentarían encubrirlo todo.

Cabe recordar que el autor del comunicado, el coronel Blanchard, nunca tuvo ningún referente oficial y que, efectivamente, su avance en las filas del ejército tras este cuanto menos cuestionable episodio fue casi imparable.

Según otra interpretación, la primera afirmación formaría parte de una sofisticada estrategia de desinformación, una especie de juego de espejos en el que se aportan pequeñas porciones de verdad para desviar la atención del gran público en un momento posterior.

Si estuviéramos en una sala de audiencias en este momento tendríamos que tamizar las pruebas, pero en este caso no hay pruebas materiales, como hemos visto, porque todo el material encontrado fue confiscado por el ejército.

Solo quedan las pistas y una serie de testimonios recogidos a lo largo de los años que hablan de metales con comportamiento anómalo y barras impresas con figuras misteriosas. Ninguno de los testigos menciona nada parecido a un globo aerostático de ningún tipo. Algunos testigos dicen que han visto los cuerpos de seres extraterrestres o no humanos y alguien afirma haber visto el platillo volador.

El problema es que prácticamente todos estos testimonios provienen del área de Roswell y de alguna manera se corre el riesgo de que haya habido algún tipo de convergencia en la memoria de las personas, como si de alguna manera hubieran sido plagiados por el medio ambiente.

En resumen, alguien pensó que las personas que experimentaron esos misteriosos eventos en julio de 1947 podrían haber influido en los recuerdos de los demás a lo largo de los años.

La hipótesis es teóricamente posible, pero no hay que olvidar que muchos de los testigos presenciales se mudaron poco después de los hechos y se fueron a vivir lejos perdiendo prácticamente todo contacto con el territorio. Por lo tanto, es más lógico suponer que sus testimonios son genuinos y auténticos (lo que no significa que sean ciertos, eso sí).

Desafortunadamente, no hay muchos recuerdos o contribuciones a la reconstrucción de la verdad por parte de personas que entraron en contacto con el material una vez que salió de la base de la RAAF. Si por un lado esto puede llevar a la idea de que en realidad no había nada excepcional en ello, por otro no debemos olvidar que una vez que salimos de la base de la RAAF el material encontrado estaba cubierto por el más alto nivel de secreto militar y que, por lo tanto, solo personal seleccionado entró en contacto con él.

Es fácil ver cómo la propensión a hablar de estos hechos disminuye a medida que aumenta el grado militar de los interesados. En definitiva, hay más posibilidades de que hable un soldado recluta que participó en la recogida del material, que un general que lo haga.

Probablemente esto se deba a la mayor disciplina marcial de los sujetos de mayor rango pero también, en los años siguientes, al temor que tenían muchos de estos graduados de perder su pensión si revelaban secretos militares.

Como quieras decirlo, es un hecho que desde que el material salió de la base de la RAAF, ningún soldado o recluta ha tenido acceso a él.

## EL GLOBO AEROSTÁTICO

La segunda versión oficial hecha pública pocas horas después de la primera habla de un globo trivial con un objetivo de radar adjunto. Básicamente se habría tratado de un globo de gas inflado al que se le adjuntó una especie de cola que permitía localizarlo por radar.

Ese tipo de globos fueron lanzados diariamente por varios observatorios y bases militares en todo Estados Unidos.

No era raro que estos globos chocaran contra áreas habitadas, por lo que muchos, incluido Mack Brazel, habían visto al menos uno en el suelo en su vida.

En retrospectiva, la historia del fútbol no está en pie. En primer lugar, ninguno de los testigos parece haber visto nada que de alguna manera se parezca a un globo aerostático.

En particular, no está claro por qué Brazel habría tenido que llevar los restos de un globo a la estación de policía de Roswell cuando era práctica común entre pastores como él deshacerse de esos objetos caídos llevándolos al vertedero.

¿Por qué movilizar a decenas de hombres escoltados por patrullas armadas para recuperar los restos de un globo?

La versión del globo es del 8 de julio, pero las operaciones de recuperación continuaron incluso después, por lo que está claro que no podría haber sido un simple globo de radar.

Sin embargo, esta siguió siendo la única y obstinada versión oficial hasta mediados de la década de 1990.

## EL PROYECTO MOGUL

Desde finales de la década de 1970, muchos testigos directos habían comenzado a rasgar el velo de silencio que había caído sobre los hechos del 47 y el caso Roswell había vuelto al centro de las noticias.

La versión oficial del globo de radar ya no era sostenible, por lo que, a instancias del Congreso de los Estados Unidos, la secretaría de la Fuerza Aérea compiló un voluminoso informe sobre el incidente de Roswell. En ese texto se argumentaba, finalmente se había dicho toda la verdad.

Dejando de lado el hecho de que ningún tribunal del mundo podría considerar creíble el testimonio de un testigo que ya ha brindado dos versiones diferentes de un mismo hecho sin ser presentado en apoyo de esta nueva versión de prueba irrefutable, veamos de qué se trata.

Según los dos informes elaborados por la secretaría de la fuerza aérea, el primero en 1995 y el segundo en 1997, los encontrados en Roswell eran los restos del llamado proyecto Mogul.

En 1947, como señalamos anteriormente, la Guerra Fría estaba en su infancia. En ese momento, Estados Unidos era la única nación que poseía armas nucleares, pero la Unión Soviética estaba cerrando rápidamente la brecha tecnológica en lo que luego se conocería como la carrera armamentista.

La tecnología satelital aún no existía y para tratar de espiar a distancia los avances de sus adversarios, los estadounidenses se equiparon con lo que tenían.

El proyecto Mogul consistía básicamente en un enorme globo capaz de flotar a gran altura y capaz de captar, gracias a un sistema de radares y sensores, las vibraciones producidas en la atmósfera por una explosión nuclear en territorio soviético.

Así se comenta el caso del incidente OVNI de Roswell en el informe oficial de la Fuerza Aérea de 1994:

"Las personas a favor de los ovnis que obtengan una copia de este documento afirmarán en este momento que el encubrimiento continúa. No obstante, la investigación indica que no hay absolutamente ninguna evidencia de que una nave espacial se haya estrellado en las cercanías de Roswell, ni que se hayan encontrado seres extraterrestres, ni que todo esto sea parte de alguna operación militar secreta.

Todo esto no significa que el tema OVNI no preocupara inicialmente a la Fuerza Aérea, sin embargo, debe precisarse que en ese momento el término OVNI se usaba literalmente para indicar cualquier objeto volador no identificado y no como hoy en día, que en cambio se ha convertido en sinónimo de extraterrestre. nave espacial".

Por lo tanto, según la versión oficial de los 90, versión aún acreditada como tal, caer ese día en Nuevo México no habría sido más que una pelota del proyecto Mogul. Aquí, sin embargo, surgen algunos problemas.

En primer lugar, no está claro por qué las búsquedas del Mogul, que obviamente debe haber perdido el contacto con el servicio de escucha en tierra, no comenzaron inmediatamente cuando el preciado avión espía había desaparecido de las pantallas de radar.

De hecho, no hay rastro de investigación en la zona ni en las zonas aledañas, aunque sería lógico imaginar que un proyecto de este tipo, amparado por el secreto militar, estuviera dotado al menos de una trazabilidad de última generación. y sistema de control capaz de identificar las zonas donde es más probable que la aeronave se haya estrellado.

Sin embargo, en los días inmediatamente anteriores al viaje de Brazel a la ciudad, no hubo noticias de vuelos de patrulla en la zona ni registros terrestres.

En segundo lugar, es cierto que el proyecto Mogul estaba cubierto por el secreto militar, pero los componentes del globo no.

El proyecto era secreto pero el material del que estaba compuesta la sonda estaba comúnmente disponible y no tenía nada en particular, que sepamos. La prueba de este hecho está en la elección de enviar sólo a dos personas, Marcel y Cavitt, al lugar donde Brazel había encontrado los primeros restos.

Solo hay una explicación lógica para todo esto, y es que ni siquiera los militares sabían de qué se trataba, porque si reconocieron los restos del Mogul, que debieron estar buscando desesperadamente ya que había desaparecido de sus radares hace unos días. antes, inmediatamente se movilizarían en masa para ir a recuperarlo antes de que alguien pudiera apoderarse de él.

En definitiva, debemos creer que una vez que recibimos los inconfundibles restos del Mogul desaparecido misteriosamente hace unos días en la RAAF, los militares habrían enviado solo a dos personas a realizar una inspección mientras el grueso del personal permanecía en la base ocupado. en los ejercicios de rutina?

Y, de nuevo, ¿por qué aterrorizar a la población de esta forma por lo que al final no era más que un simple globo capaz de volar más alto que otros?

¿No habría bastado simplemente con comunicar que se trataba de un globo recién concebido construido con materiales experimentales y amparado por el secreto militar para cerrar el asunto de una vez por todas?

¿Por qué persistir en tratar durante años de dar una explicación inverosímil como la del globo del radar, cuando era obvio para todos los testigos oculares que era una falsificación construida a propósito?

Son muchas, demasiadas, las preguntas que siguen sin respuesta.

# EL AVIÓN ENVIADO POR LOS RUSOS

La periodista y escritora estadounidense Anne Jacobsen ha propuesto una nueva hipótesis. Según esta nueva reconstrucción de los hechos, para aterrizar en Roswell habría sido un avión de fabricación soviética enmascarado a todos los efectos para parecerse a una nave espacial.

En el interior, humanos deformados construidos en un laboratorio en la Unión Soviética con la ayuda de científicos y biólogos nazis encontrarían un lugar.

La idea era crear pánico entre la población a raíz de la famosa broma radiofónica realizada por Orson Welles unos años antes en la que el showman estadounidense anunciaba la invasión de la Tierra por una raza alienígena.

Más allá de los problemas relacionados con la posibilidad o no de crear seres con esas características en el laboratorio, lo que más desconcierta son los tiempos que debió tener tal proyecto.

La guerra duró solo dos años y el clima entre las dos potencias empeoraba cada día, pero la verdadera guerra fría solo estallaría unos años después. Solo para dar una cifra, el movimiento de personas entre el este y el oeste de Berlín se bloqueó formalmente solo en 1952.

Entonces, según esta reconstrucción, la Unión Soviética debería haber comenzado a preparar una acción de esta magnitud al menos unos años antes, aunque solo fuera para permitir la creación de estos monstruos de aspecto alienígena que, según muchos testimonios, eran tan altos como niños de 11 o 12 años.

Incluso admitir todo esto es otro detalle que nos deja muy poco convencidos: sabemos que la búsqueda de la aeronave que aterrizó en Roswell no comenzó hasta que Brazel acudió a la comisaría local. Es decir, la aeronave que aterrizó o se estrelló ese día en Nuevo México no había sido en modo alguno interceptada por los radares de la cercana base de la RAAF como cualquier otra de las miles de bases militares repartidas por todo el territorio estadounidense.

Básicamente, debemos creer que los soviéticos han protagonizado una acción de guerra psicológica en territorio estadounidense al enviar un vehículo volador capaz de no aparecer en el radar.

En otras palabras, habrían alimentado al adversario con tecnología sigilosa, que en su momento era pura ciencia ficción, y que de haber estado realmente al alcance de la Unión Soviética habría cambiado el curso de la historia para siempre. Esto es simplemente increíble al menos desde un punto de vista militar.

Una última cosa: ¿por qué Roswell? Orson Welles emitía desde Madison Avenue en el corazón de Nueva York, la metrópoli más importante de Estados Unidos y por ello, además de por su indiscutible habilidad, su chiste tuvo tal caja de resonancia.

Si hubiera hecho lo mismo desde un pueblo de provincias, sus palabras se habrían dispersado en el éter sin mayores secuelas. Entonces, ¿por qué aterrizar un avión de este tipo en una ciudad como Roswell y no en Miami, Nueva York o Los Ángeles, donde seguramente habría producido reacciones más apreciables en todos los niveles de la población?

# ¿UN EPISODIO AISLADO?

## EL ROSWELL RUSO

Construida bajo la dirección de Josef Stalin, la base de Kapustin Yar es la más antigua y secreta de las estructuras militares de la URSS primero y luego de Rusia. En cuanto al secreto y el misterio, tiene su contrapartida en el más famoso Área 51 estadounidense del que ya hemos hablado extensamente. La base de Kapustin Yar, entre otras cosas, fue también la primera base espacial soviética, así como uno de los centros neurálgicos de la KGB.

En el caso del incidente del extraterrestre ruso, la historia es muy parecida a la de Roswell, aunque en cierto modo la vulgata que nos ha llegado parece imbuida de esos valores soviéticos propios de la propaganda de las repúblicas comunistas de aquellos años.

Estamos en 1948, en la zona suroeste del entonces bloque soviético, no muy lejos de Stalingrado. Son las primeras horas del anochecer del 18 de junio, justo un año después de los hechos de Roswell, cuando los radares de la base militar de máximo secreto de Kapustin Yar interceptan una aeronave no autorizada. Inmediatamente desde el suelo se eleva un caza de guerra con la orden de derribar cualquier avión enemigo.

Al llegar a la zona marcada por el radar, el piloto del avión comunica a la torre de control que lo que ve no es un avión enemigo sino algo que describe como una aeronave con forma de cigarro.

La historia que nos ha llegado trata de un tiroteo a gran altura al son de extraños rayos cegadores lanzados por la misteriosa aeronave contra bombas soviéticas mucho más prosaicas.

Al final, no hace falta decir que habría sido el piloto ruso quien habría logrado, a pesar del evidente desfase tecnológico, derribar el OVNI. El misterioso avión alienígena sería entonces tomado por los militares de la base de Kapustin Yar con toda su tripulación.

Obviamente, la historia, tal como se presenta, es al menos improbable en muchos aspectos, sobre todo por el hecho de que un avión alienígena era visible para un operador de radar de la década de 1940, sin mencionar el hecho de que, según muchos expertos militares, en 1948 los cazas soviéticos aún no estaban equipados con bombas aire-aire.

La historia de la antigua URSS nos ha enseñado, sin embargo, que muchas de las versiones oficiales, incluso de hechos triviales, fueron moldeadas y reescritas por los aparatos de la burocracia con el único propósito de propagar la superioridad moral y organizativa del hombre soviético.

Entonces, en esta perspectiva, también podríamos creer que se ha recuperado un avión extraterrestre, aunque de una manera mucho menos heroica de lo que quieren que creamos.

Los avistamientos de ovnis y los informes de fenómenos inexplicables están lejos de ser infrecuentes en Rusia. El más famoso de estos eventos es quizás el de 1908 cuando una fuerza misteriosa arrasó con más de 60 millones de árboles en un área de 2.150 kilómetros cuadrados en el bosque siberiano de Tunguska.

La explosión se escuchó a miles de kilómetros de distancia y unos vagones del Transiberiano descarrilaron a más de 600 kilómetros de Tunguska solo por el desplazamiento del aire. Según la interpretación oficial, este desastre fue causado por un asteroide que ingresó a la atmósfera terrestre.

Sin embargo, los expertos aún debaten sobre esta reconstrucción porque según los modelos físicos existentes, las características que debió producir tal impacto son en parte diferentes a las que se produjeron en Tunguska, por lo que muchos aún hoy sostienen que se trató de una nave espacial.

Esta interpretación se alimenta sobre todo del hecho de que no se han encontrado cráteres en la zona donde se estrelló el asteroide. Según la tradición, el mismo Stalin estaba convencido de que lo que vio en Tunguska fue el resultado del lanzamiento de un arma desconocida por parte de un avión alienígena. Se dice que algunos años después el propio Stalin financió una expedición a esa remota zona de Siberia con el fin de encontrar una explicación a aquel misterioso suceso.

El informe emitido por la burocracia soviética habla de un meteorito, pero hay quienes están dispuestos a jurar que en la zona se recolectaron fragmentos de metal con un alto contenido radiactivo que son completamente incompatibles con un meteorito. Estas muestras, posiblemente de origen extraterrestre, se enviarían más tarde a Kapustin Yar para su estudio. Pero volvamos a aquel 18 de junio de 1948. La misteriosa aeronave derribada habría sido transportada al interior de los laboratorios de Kapustin Yar y aquí sometida a un proceso de ingeniería inversa, es decir el intento de comprender por inducción el funcionamiento de otros más avanzados o desconocidos máquinas y tecnologías. .

El periodista y ufólogo Bill Birnes, editor de la revista UFO, está convencido de esto:

"Imaginemos que podemos bajar allí, al laboratorio de ovnis más secreto de la Unión Soviética.

No se trata de una estructura hipertecnológica y bien iluminada, sino de un entorno oscuro, sin adornos y rígidamente compartimentado. Un lugar similar a un centro comercial subterráneo, solo que en lugar de tiendas tiene pasillos repletos de maquinaria extraña que se desmonta y se vuelve a montar.

En una sala se realizan autopsias a los cadáveres de extraterrestres y en otra se reconstruye un motor. Finalmente, hay enormes hangares subterráneos. Lo que llama la atención es que en los hangares no hay aviones sino objetos alargados en forma de cigarro que tienen varios niveles de daño.

Son las aeronaves extraterrestres estrelladas contra la tierra a las que los soviéticos intentan aplicar la llamada reingeniería".

Una cosa es cierta: las fotos tomadas por los satélites espías muestran unas extrañas señales trazadas en el suelo dentro del complejo militar. Estos son símbolos que se asemejan mucho a las líneas de Nazca, en la América del Sur precolombina, y otros símbolos que parecen haber sido tomados de culturas antiguas, como la egipcia, que muchos creen que estuvo en contacto con civilizaciones extraterrestres.

También hay símbolos que se asemejan mucho a muchas de las figuras que han aparecido en los últimos años en los fenómenos de los llamados agroglifos.

Según muchos ufólogos, los soviéticos habrían trazado estos símbolos en el suelo para entrar en contacto con entidades alienígenas. Pero, ¿qué beneficios concretos habrían obtenido los soviéticos al estudiar aviones alienígenas en la base de Kapustin Yar?

Para algunos, las tecnologías que los técnicos rusos habrían obtenido del estudio de los ovnis serían la base de los increíbles éxitos alcanzados por la URSS frente a Estados Unidos en el campo científico tras la Segunda Guerra Mundial.

El 4 de octubre de 1957, la Unión Soviética lanzó al espacio el primer satélite artificial, el Sputnik. Para el programa espacial ruso es un éxito sin precedentes que se traduce en una amarga humillación para Estados Unidos. El 12 de abril de 1961, los soviéticos volvieron a vencer a los estadounidenses al lanzar con éxito al primer hombre, Jurij Gagarin, al espacio.

Según muchos ufólogos, los resultados alcanzados por los soviéticos en la carrera espacial serían fruto de un estudio de material extraterrestre con el que los rusos se habrían beneficiado durante unos años, para luego ceder la primacía a Estados Unidos unos años más tarde. más tarde cuando la base conocida como Área 51 alcanzó el máximo de su impenetrabilidad.

## ROSWELL ARGENTINA

Argentina también fue escenario de un misterioso incidente similar al ocurrido en Roswell en julio del '47. El episodio fue revelado al mundo recién durante el Primer Congreso OVNI realizado en Cachi (Salta, Argentina) en julio de 2011.

Antonio Galvagno, piloto de los aviones que rociaban con pesticidas en campos agrícolas a Joaquín V. Gonzales, fue precisamente el protagonista de uno de los casos más misteriosos de la ufología moderna, caso que pronto se conoció entre los expertos como el del "Roswell Argentina".

Galvagno relató su increíble experiencia con estas palabras:

"Eran las 13:45 del 17 de abril de 1995. Estaba almorzando con mi esposa e hijos en nuestra casa de Joaquín V. Gonzales. Hacía calor, no había nubes en el cielo y no soplaba ni un soplo de viento. De repente escuchamos unos ruidos muy extraños y luego, inmediatamente después, dos impresionantes explosiones. Salimos corriendo y encima de nosotros había un extraño objeto de metal. Era gigante y tenía forma de disco.

El diámetro habrá sido de unos 500 metros, y nunca olvidaré la sensación que sentí al ver caer aquel enorme disco incandescente. Solo pudimos verlo durante unos segundos, mientras se movía hacia el sur, luego cayó para siempre y desapareció de la vista. Inmediatamente después vi que se elevaba una enorme columna de humo.

En ese momento tomé mi monomotor, un Fly Star, y comencé a sobrevolar el área para ver si encontraba algún resto de ese misterioso objeto volador, pero no vi nada. Cuando regresé al pueblo, junto con un grupo de 30 amigos, armamos un equipo de búsqueda. A la mañana siguiente, la zona fue invadida por gringos, todos vestidos de negro, con lentes oscuros, en motocicletas y vehículos todo terreno 4x4.

El alcalde se asustó mucho e inmediatamente llamó a Buenos Aires, pero desde la capital dijeron que esos personajes tan extraños eran enviados del Gobierno de los Estados Unidos y que, gracias a un acuerdo internacional entre ambos gobiernos, tenían carta blanca para realizar cualquier tipo de acción. de investigación del fenómeno OVNI en Argentina. Mientras tanto, supe que en la zona operaba el Centro de Investigación de Tecnología Espacial de la Fuerza Aérea de Argentina.

A los pocos días los hombres vestidos de negro desaparecieron. Me llamó la Fuerza Aérea Argentina y dos oficiales me dijeron que una nave extraterrestre, detectada por la NASA, había sido derribada".

Por supuesto, ni el gobierno argentino ni el ejército de la nación sudamericana han confirmado nunca esta versión: el incidente de Joaquín V. Gonzales simplemente "nunca ocurrió". Todas las fuentes oficiales y no oficiales con las que hemos tratado de contactar a través de nuestros canales directos e indirectos siempre nos han respondido de la misma manera: "No pasó nada, todo está bajo control".

## LAS "BOLAS DE FUEGO VERDES"

Entre 1948 y 1951 se avistaron en Estados Unidos una serie de objetos misteriosos, rebautizados como "Bolas de fuego verdes".

Muchos han relacionado estos avistamientos con el incidente de Roswell del 47, ya que la mayoría de los avistamientos ocurrieron en Nuevo México. El fenómeno fue tan generalizado que en diciembre de 1949 incluso se creó un proyecto de investigación denominado Proyecto Twinkle.

Las primeras "Bolas de Fuego Verdes" fueron avistadas en noviembre del 48 y, en un principio, fueron confundidas con resultados normales de ejercicios militares, que en ese momento eran muy frecuentes en la zona. Todo comenzó el 5 de diciembre del 48 en los cielos de Nuevo México, cuando dos pilotos de dos aviones diferentes, uno militar y otro civil, vieron una luz verde inusualmente brillante. Los dos avistamientos ocurrieron en Albuquerque y Las Vegas. Los avistamientos de estos fenómenos científicos, aún sin explicación, cesaron después de 1950, alimentando aún más el misterio.

# ¿Y AHORA?

Más de 70 años después, Roswell sigue siendo el centro de uno de los misterios más profundos del siglo XX y sigue dando que hablar tanto a entusiastas como a escépticos.

Como hemos tenido la oportunidad de repetir varias veces a lo largo de este libro, lo único cierto es que algo absolutamente extraordinario sucedió en Roswell en el '47, pero hasta que no se desclasifiquen los archivos del ejército estadounidense no podremos encontrar salir más

Sin embargo, algunos episodios ocurridos en los últimos años han contribuido a intensificar el aura de misterio en torno a Roswell y los hechos del '47. Como es fácil de imaginar, de hecho, muchos han tratado de responder a las muchas preguntas planteadas por este anómalo episodio.

Por ejemplo, algunos investigadores del Stevens Institute of Technology en Hoboken, Nueva Jersey, han desarrollado un software muy complicado capaz de realizar análisis en profundidad sobre el lenguaje. El software fue diseñado para comprender si los testigos mienten o si dicen la verdad. Una de las pruebas del grupo de investigación del Stevens Institute of Technology se llevó a cabo precisamente sobre los hechos de Roswell.

El equipo dirigido por el Dr. Raj Chandramouli y el Dr. Koduvayur Subbalakshmi argumenta que este "software de veracidad" permite determinar si un testigo miente con un porcentaje de certeza que oscila entre el 86 y el 99%. Para simplificar todo, nos limitamos a decir que el programa se basa en 88 partes psicolingüísticas que indican si la persona interrogada miente o no.

Este es un gran paso adelante en comparación con el polígrafo tradicional, comúnmente conocido como "detector de mentiras", porque con este programa tan complicado se eliminan muchas variables e influencias falaces, dado que el grupo de investigadores ha hecho un trabajo mucho más científico al desarrollar un algoritmo basado en la noción freudiana de que "la verdad siempre se filtra".

El detalle que más de cerca nos interesa es que entre los muchos testigos sometidos a esta nueva tecnología también se encuentra el mayor Jesse Marcel, el hombre que fue contactado por el sheriff de Roswell en aquel caluroso julio de 1947 cuando Brazel acudió a él. El comandante Marcel fue entrevistado por primera vez en un video recién en 1978, y en esa oportunidad aseguró haber visto el movimiento y transporte de unos escombros muy extraños encontrados en el lugar del accidente, afirmando públicamente que se trataba de un metal con propiedades plásticas. También habló de otro material extraño que era impermeable al calor de una linterna aplicada y que no podía ser mellado o rayado por los golpes de un garrote.

Finalmente el mayor dijo por televisión que también vio un material muy extraño, una especie de pergamino, y unas piezas curvas que parecían ser de metal. Continuó su testimonio afirmando que los escombros estaban esparcidos en un área muy grande y que su primera impresión fue que se había producido una explosión en el aire.

A una pregunta específica respondió que descartó categóricamente que pudieran ser restos de algún tipo de globo meteorológico o avión, alegando que pertenecían a una aeronave de fabricación extraterrestre.

El doctor Chandramouli analizó el contenido de este vídeo junto con otro del propio Marcel fechado en 1984 con el nuevo software desarrollado por su equipo. La conclusión fue que el mayor Marcel era sincero.

Pero ojo, este resultado no nos da ninguna prueba certera, porque gracias a este software simplemente tenemos la certeza de que Marcel estaba convencido de que había visto unos restos extraterrestres, pero nada prueba más allá de una duda razonable que esos restos fueran extraterrestres. Una de las noticias más interesantes sobre el caso de Roswell data del verano de 2011.

Frank Kimbler, profesor de Ciencias de la Tierra y Geología en el Instituto de Nuevo México en Roswell, afirmó que había recuperado algunos fragmentos de origen extraterrestre cerca del sitio de la famoso accidente. Estos serían fragmentos muy pequeños que escaparon a la investigación oficial llevada a cabo por el ejército estadounidense en el verano del '47, o al menos eso es lo que afirma el profesor Kimbler.

Para lograr su objetivo, Kimbler utilizó un método particularmente interesante: el profesor, de hecho, se basó en una serie de imágenes de satélite para identificar el presunto lugar donde ocurrió el accidente, mejorando el infrarrojo para poder resaltar las áreas que habían sufrido un trastorno en el tierra.

De sus investigaciones notó un área que era muy similar a la descrita en toda la literatura científica sobre el incidente de Roswell. Era un área de aproximadamente un kilómetro de largo y unos cientos de metros de ancho. El detalle que despertó su curiosidad fue que toda el área parecía tener bordes muy rectos, un detalle inusual y decididamente antinatural.

Kimbler exploró toda el área con un detector de metales especializado para encontrar fragmentos muy pequeños de hasta tres centímetros debajo de la superficie del suelo. Para su sorpresa, dentro de un hormiguero, el profesor encontró un pequeño objeto plateado que a simple vista parecía ser simplemente de aluminio. Continuó su búsqueda y finalmente encontró varios fragmentos de material similar al primero.

Al darse cuenta de inmediato de que había encontrado un objeto muy particular, Kimbler fue al Museo Internacional de OVNIs de Roswell y luego al Centro de Investigación para analizar los hallazgos.

Luego se hizo una prueba en el New Mexico Tech en Socorro: mediante una microsonda los expertos del centro pudieron determinar la composición de esos hallazgos, que resultaron estar compuestos por aleación de aluminio, silicio, manganeso y cobre.

Kimbler quería llevar a cabo una inspección adicional, capaz de obtener un trabajo de isótopos realizado en el fragmento.

Esto se debe a que las proporciones entre isótopos son muy similares a las huellas dactilares, ya que las concentraciones de elementos en el suelo son únicas para cada planeta. Por poner un ejemplo muy sencillo, los meteoritos tienen diferentes valores isotópicos precisamente porque no proceden de nuestro planeta.

Los resultados de este nuevo análisis fueron asombrosos: todos los valores se habían vuelto locos. Solo dos explicaciones podrían haber justificado tal resultado: o el laboratorio había cometido un error analítico macroscópico, o ese material no procedía del planeta Tierra.

Kimbler ahora está esperando que los artefactos encontrados en Roswell sean contra-analizados por un equipo de expertos, para que estos resultados sean definitivos y publicables.

Lamentablemente, una vez más debemos decir que aunque ese material resulte ser extraterrestre, no tendríamos ninguna prueba certera de que esos son en realidad los restos de una nave extraterrestre: bien podrían ser restos de un meteorito que cayó en Nuevo México hace miles de años. si no hace millones de años.

En definitiva, volvemos a ser punto y cabeza.

# LA CASE BOOKS

LA CASE Books es un proyecto editorial nacido en 2010 a partir de una idea de Jacopo Pezzan y Giacomo Brunoro. En 2010 Pezzan, que vive en Los Ángeles, entiende que la edición digital no es una simple apuesta de futuro sino una realidad concreta. Entonces, cuando en Italia aún no era posible comprar libros electrónicos en iTunes, y Kindle Store solo estaba activa en los EE. UU., LA CASE Books comenzó a publicar libros electrónicos y audiolibros en italiano e inglés en el mercado mundial. En 2020, para celebrar los diez primeros años de actividad de la editorial, comienzan también las publicaciones en formato papel. Hoy LA CASE Books cuenta con un catálogo de más de 1.400 títulos entre libros en papel, ebooks y audiolibros en inglés, italiano, alemán, francés, español, ruso y polaco, y está presente en todas las tiendas digitales internacionales más importantes.

# ÁREA 51
La verdad
Wiki Brigades

ISBN 978-1-953546-24-1
2022 - 1a edición
Copyright © 2022 LA CASE
Tutti i diritti riservati

LA CASE Books
PO BOX 931416, Los Angeles, CA, 90093
info@lacasebooks.com || www.lacasebooks.com